《"十四五"数字经济发展规划》学习问答
编委会名单

主　编：林念修

副主编：伍　浩

编　委（按姓氏笔画排序）：

白京羽	孙　伟	孙学工	李　涛	杨绍亮	余晓晖	沈竹林
张　立	周　民	单志广	徐　彬	郭建民	郭春丽	

执　笔（按姓氏笔画排序）：

马原野	马潮江	王　威	王　娟	王　超	王　曦	王丹丹
王林杉	王晓冬	王灏晨	冯泽鲲	成　卓	乔天宇	刘国艳
刘绿茵	闫　博	许　旭	孙宝文	孙　克	杜万里	李　栋
李　潇	吴洁倩	余镭甫	邹文博	汪明珠	宋　洁	张世韬
张伟捷	张延强	张润宇	张铠麟	张铭慎	张富成	陈　宇
陈月华	陈发强	苟艺铭	房毓菲	赵　军	赵传羽	胡沐华
胡拥军	姚　磊	班帅帅	徐清源	徐慕宁	栾　婕	高婴劢
郭文波	唐斯斯	陶　然	黄　峰	尉青锋	董　超	喻　民
程先柱	蔡军霞	冀俊峰	鞠雪楠			

《"十四五"数字经济发展规划》

学习问答

国家发展和改革委员会 编

人民出版社

出 版 说 明

　　党的十八大以来，习近平总书记就发展我国数字经济作出了一系列重要论述、重大部署，为我国数字经济发展提供了根本遵循和行动指南。2021 年 10 月，十九届中央政治局就推动我国数字经济健康发展进行第三十四次集体学习，习近平总书记发表重要讲话，强调要不断做强做优做大我国数字经济。2022 年 1 月，国务院印发《"十四五"数字经济发展规划》，对"十四五"时期我国数字经济发展作出了整体性部署。为贯彻落实党中央、国务院决策部署，更好推动我国数字经济健康发展，我们组织编写了《〈"十四五"数字经济发展规划〉学习问答》一书，以期帮助广大干部群众准确把握《"十四五"数字经济发展规划》的总体思想和任务要求，增进各方对数字经济的理解和认识，推动各项任务落地落实。

编　者

2022 年 10 月

目　录

国务院关于印发
"十四五"数字经济发展规划的通知

国发〔2021〕29 号

各省、自治区、直辖市人民政府,国务院各部委、各直属机构:

现将《"十四五"数字经济发展规划》印发给你们,请认真贯彻执行。

国务院

2021 年 12 月 12 日

(此件公开发布)

"十四五"数字经济发展规划

数字经济是继农业经济、工业经济之后的主要经济形态,是以数据资源为关键要素,以现代信息网络为主要载体,以信息通信技术融合应用、全要素数字化转型为重要推动力,促进公平与效率更加统一的新经济形态。数字经济发展速度之快、辐射范围之广、影响程度之深前所未有,正推动生产方式、生活方式和治理方式深刻变革,成为重组全球要素资源、重塑全球经济结构、改变全球竞争格局的关键力量。"十四五"时期,我国数字经济转向深化应用、规范发展、普惠共享的新阶段。为应对新形势新挑战,把握数字化发展新机遇,拓展经济发展新空间,推动我国数字经济健康发展,依据《中华人民共和国国民经济和社会发展第十四个五年规划和2035年远景目标纲要》,制定本规划。

一、发展现状和形势

(一)发展现状。

"十三五"时期,我国深入实施数字经济发展战略,不断完善数字基础设施,加快培育新业态新模式,推进数字产业化和产业数字化取得积极成效。2020年,我国数字经济核心产业增加值占国内生产总值(GDP)比重达到7.8%,数字经济为经济社会持续健康发展提供了强大动力。

信息基础设施全球领先。建成全球规模最大的光纤和第四代移动通信(4G)网络,第五代移动通信(5G)网络建设和应用加速推进。宽带用户普及率明显提高,光纤用户占比超过94%,移动宽带用户普及率达到108%,互联网协议第六版(IPv6)活跃用户数达到4.6亿。

产业数字化转型稳步推进。农业数字化全面推进。服务业数字化水平显著提高。工业数字化转型加速,工业企业生产设备数字化水平持续提升,更多企业迈上"云端"。

新业态新模式竞相发展。数字技术与各行业加速融合,电子商务蓬勃发展,移动支付广泛普及,在线学习、远程会议、网络购物、视频直播等生产生活新方式加速推广,互联网平台日益壮大。

数字政府建设成效显著。一体化政务服务和监管效能大幅度提升,"一网通办"、"最多跑一次"、"一网统管"、"一网协同"等服务管理新模式广泛普及,数字营商环境持续优化,在线政务服务水平跃居全球领先行列。

数字经济国际合作不断深化。《二十国集团数字经济发展与合作倡议》等在全球赢得广泛共识,信息基础设施互联互通取得明显成效,"丝路电商"合作成果丰硕,我国数字经济领域平台企业加速出海,影响力和竞争力不断提升。

与此同时,我国数字经济发展也面临一些问题和挑战:关键领域创新能力不足,产业链供应链受制于人的局面尚未根本改变;不同行业、不同区域、不同群体间数字鸿沟未有效弥合,甚至有进一步扩大趋势;数据资源规模庞大,但价值潜力还没有充分释放;数字经济治理体系需进一步完善。

(二)面临形势。

当前,新一轮科技革命和产业变革深入发展,数字化转型已经成为大势所趋,受内外部多重因素影响,我国数字经济发展面临的形势正在发生深刻变化。

发展数字经济是把握新一轮科技革命和产业变革新机遇的战略选择。数字经济是数字时代国家综合实力的重要体现,是构建现代化经济体系的重要引擎。世界主要国家均高度重视发展数字经济,纷纷出台战略规划,采取各种举措打造竞争新优势,重塑数字时代的国际新格局。

数据要素是数字经济深化发展的核心引擎。数据对提高生产效率的乘数作用不断凸显,成为最具时代特征的生产要素。数据的爆发增长、海量集聚蕴藏了巨大的价值,为智能化发展带来了新的机遇。协同推进技术、模式、业态和制度创新,切实用好数据要素,将为经济社会数字化发展带来强劲动力。

数字化服务是满足人民美好生活需要的重要途径。数字化方式正有效打破时空阻隔,提高有限资源的普惠化水平,极大地方便群众生活,满足多样化个性化需要。数字经济发展正在让广大群众享受到看得见、摸得着的实惠。

规范健康可持续是数字经济高质量发展的迫切要求。我国数字经济规模快速扩张,但发展不平衡、不充分、不规范的问题较为突出,迫切需要转变传统发展方式,加快补齐短板弱项,提高我国数字经济治理水平,走出一条高质量发展道路。

二、总体要求

(一)指导思想。

以习近平新时代中国特色社会主义思想为指导,全面贯彻党的十九大和十九届历次全会精神,立足新发展阶段,完整、准确、全面贯彻新发展理念,构建新发展格局,推动高质量发展,统筹发展和安全、统筹国内和国际,以数据为关键要素,以数字技术与实体经济深度融合为主线,加强数字基础设施建设,完善数字经济治理体系,协同推进数字产业化和产业数字化,赋能传统产业转型升级,培育新产业新业态新模式,不断做强做优做大我国数字经济,为构建数字中国提供有力支撑。

(二)基本原则。

坚持创新引领、融合发展。坚持把创新作为引领发展的第一动力,突出科技自立自强的战略支撑作用,促进数字技术向经济社会和产业发展各领域广泛深入渗透,推进数字技术、应用场景和商业模式融合创新,形成以技术发展促进全要素生产率提升、以领域应用带动技术进步的发展格局。

坚持应用牵引、数据赋能。坚持以数字化发展为导向,充分发挥我国海量数据、广阔市场空间和丰富应用场景优势,充分释放数据要素价值,激活数据要素潜能,以数据流促进生产、分配、流通、消费各个环节高效贯通,推动数据技术产品、应用范式、商业模式和体制机制协同创新。

坚持公平竞争、安全有序。突出竞争政策基础地位,坚持促进发展和监管规范并重,健全完善协同监管规则制度,强化反垄断和防止资本无序扩张,推动平台经济规范健康持续发展,建立健全适应数字经济发展的市场监管、宏观调控、政策法规体系,牢牢守住安全底线。

坚持系统推进、协同高效。充分发挥市场在资源配置中的决定性作用,构建经济社会各主体多元参与、协同联动的数字经济发展新机制。结合我国产业结构和资源禀赋,发挥比较优势,系统谋划、务实推进,更好发挥政府在数字经济发展中的作用。

(三)发展目标。

到2025年,数字经济迈向全面扩展期,数字经济核心产业增加值占GDP比重达到10%,数字化创新引领发展能力大幅提升,智能化水平明显增强,数字技术与实体经济融合取得显著成效,数字经济治理体系更加完善,我国数字经济竞争力和影响力稳步提升。

——**数据要素市场体系初步建立。**数据资源体系基本建成,利用数据资源推动研发、生产、流通、服务、消费全价值链协同。数据要素市场化建设成效显现,数据确权、定价、交易有序开展,探索建立与数据要素价值和贡献相适应的收入分配机制,激发市场主体创新活力。

——**产业数字化转型迈上新台阶。**农业数字化转型快速推进,制造业数字化、网络化、智能化更加深入,生产性服务业融合发展加速普及,生活性服务业多元化拓展显著加快,产业数字化转型的支撑服务体系基本完备,在数字化转型过程中推进绿色发展。

——**数字产业化水平显著提升。**数字技术自主创新能力显著提升,数字化产品和服务供给质量大幅提高,产业核心竞争力明显增强,在部分领域形成全球领先优势。新产业新业态新模式持续涌现、广泛普及,对实体经济提质增效的带动作用显著增强。

——数字化公共服务更加普惠均等。数字基础设施广泛融入生产生活,对政务服务、公共服务、民生保障、社会治理的支撑作用进一步凸显。数字营商环境更加优化,电子政务服务水平进一步提升,网络化、数字化、智慧化的利企便民服务体系不断完善,数字鸿沟加速弥合。

——数字经济治理体系更加完善。协调统一的数字经济治理框架和规则体系基本建立,跨部门、跨地区的协同监管机制基本健全。政府数字化监管能力显著增强,行业和市场监管水平大幅提升。政府主导、多元参与、法治保障的数字经济治理格局基本形成,治理水平明显提升。与数字经济发展相适应的法律法规制度体系更加完善,数字经济安全体系进一步增强。

展望2035年,数字经济将迈向繁荣成熟期,力争形成统一公平、竞争有序、成熟完备的数字经济现代市场体系,数字经济发展基础、产业体系发展水平位居世界前列。

"十四五"数字经济发展主要指标

指标	2020 年	2025 年	属性
数字经济核心产业增加值占 GDP 比重(%)	7.8	10	预期性
IPv6 活跃用户数(亿户)	4.6	8	预期性
千兆宽带用户数(万户)	640	6000	预期性
软件和信息技术服务业规模(万亿元)	8.16	14	预期性
工业互联网平台应用普及率(%)	14.7	45	预期性
全国网上零售额(万亿元)	11.76	17	预期性
电子商务交易规模(万亿元)	37.21	46	预期性
在线政务服务实名用户规模(亿)	4	8	预期性

三、优化升级数字基础设施

（一）加快建设信息网络基础设施。建设高速泛在、天地一体、云网融合、智能敏捷、绿色低碳、安全可控的智能化综合性数字信息基础设施。有序推进骨干网扩容，协同推进千兆光纤网络和 5G 网络基础设施建设，推动 5G 商用部署和规模应用，前瞻布局第六代移动通信（6G）网络技术储备，加大 6G 技术研发支持力度，积极参与推动 6G 国际标准化工作。积极稳妥推进空间信息基础设施演进升级，加快布局卫星通信网络等，推动卫星互联网建设。提高物联网在工业制造、农业生产、公共服务、应急管理等领域的覆盖水平，增强固移融合、宽窄结合的物联接入能力。

专栏1 信息网络基础设施优化升级工程

1. 推进光纤网络扩容提速。加快千兆光纤网络部署，持续推进新一代超大容量、超长距离、智能调度的光传输网建设，实现城市地区和重点乡镇千兆光纤网络全面覆盖。
2. 加快 5G 网络规模化部署。推动 5G 独立组网（SA）规模商用，以重大工程应用为牵引，支持在工业、电网、港口等典型领域实现 5G 网络深度覆盖，助推行业融合应用。
3. 推进 IPv6 规模部署应用。深入开展网络基础设施 IPv6 改造，增强网络互联互通能力，优化网络和应用服务性能，提升基础设施业务承载能力和终端支持能力，深化对各类网站及应用的 IPv6 改造。
4. 加速空间信息基础设施升级。提升卫星通信、卫星遥感、卫星导航定位系统的支撑能力，构建全球覆盖、高效运行的通信、遥感、导航空间基础设施体系。

（二）推进云网协同和算网融合发展。加快构建算力、算法、数据、应用资源协同的全国一体化大数据中心体系。在京津冀、长三角、粤港澳大湾区、成渝地区双城经济圈、贵州、内蒙古、甘肃、宁夏等地区布局全国一体化算力网络国家枢纽节点，建设数据中心集群，结合应用、产业等发展需求优化数据中心

建设布局。加快实施"东数西算"工程,推进云网协同发展,提升数据中心跨网络、跨地域数据交互能力,加强面向特定场景的边缘计算能力,强化算力统筹和智能调度。按照绿色、低碳、集约、高效的原则,持续推进绿色数字中心建设,加快推进数据中心节能改造,持续提升数据中心可再生能源利用水平。推动智能计算中心有序发展,打造智能算力、通用算法和开发平台一体化的新型智能基础设施,面向政务服务、智慧城市、智能制造、自动驾驶、语言智能等重点新兴领域,提供体系化的人工智能服务。

(三)有序推进基础设施智能升级。稳步构建智能高效的融合基础设施,提升基础设施网络化、智能化、服务化、协同化水平。高效布局人工智能基础设施,提升支撑"智能+"发展的行业赋能能力。推动农林牧渔业基础设施和生产装备智能化改造,推进机器视觉、机器学习等技术应用。建设可靠、灵活、安全的工业互联网基础设施,支撑制造资源的泛在连接、弹性供给和高效配置。加快推进能源、交通运输、水利、物流、环保等领域基础设施数字化改造。推动新型城市基础设施建设,提升市政公用设施和建筑智能化水平。构建先进普惠、智能协作的生活服务数字化融合设施。在基础设施智能升级过程中,充分满足老年人等群体的特殊需求,打造智慧共享、和睦共治的新型数字生活。

四、充分发挥数据要素作用

(一)强化高质量数据要素供给。支持市场主体依法合规开展数据采集,聚焦数据的标注、清洗、脱敏、脱密、聚合、分析等环节,提升数据资源处理能力,培育壮大数据服务产业。推动数据资源标准体系建设,提升数据管理水平和数据质量,探索面向业务应用的共享、交换、协作和开放。加快推动各领域通信协议兼容统一,打破技术和协议壁垒,努力实现互通互操作,形成完整贯通的数据链。推动数据分类分级管理,强化数据安全风险评估、监测预警和应急处置。深化政务数据跨层级、跨地域、跨部门有序共享。建立健全国家公共数据资源体系，统筹公共数据资源开发利用，推动基础公共数据安全有序开放，构建统一的国家公共数据开放平台和开发利用端口，提升公共数据开放水平，释放数据红利。

专栏2　数据质量提升工程

1. *提升基础数据资源质量。*建立健全国家人口、法人、自然资源和空间地理等基础信息更新机制，持续完善国家基础数据资源库建设、管理和服务，确保基础信息数据及时、准确、可靠。

2. *培育数据服务商。*支持社会化数据服务机构发展，依法依规开展公共资源数据、互联网数据、企业数据的采集、整理、聚合、分析等加工业务。

3. *推动数据资源标准化工作。*加快数据资源规划、数据治理、数据资产评估、数据服务、数据安全等国家标准研制，加大对数据管理、数据开放共享等重点国家标准的宣贯力度。

（二）加快数据要素市场化流通。加快构建数据要素市场规则，培育市场主体、完善治理体系，促进数据要素市场流通。鼓励市场主体探索数据资产定价机制，推动形成数据资产目录，逐步完善数据定价体系。规范数据交易管理，培育规范的数据交易平台和市场主体，建立健全数据资产评估、登记结算、交易撮合、争议仲裁等市场运营体系，提升数据交易效率。严厉打击数据黑市交易，营造安全有序的市场环境。

专栏3　数据要素市场培育试点工程

1. *开展数据确权及定价服务试验。*探索建立数据资产登记制度和数据资产定价规则，试点开展数据权属认定，规范完善数据资产评估服务。

2. *推动数字技术在数据流通中的应用。*鼓励企业、研究机构等主体基于区块链等数字技术，探索数据授权使用、数据溯源等应用，提升数据交易流通效率。

3. *培育发展数据交易平台。*提升数据交易平台服务质量，发展包含数据资产评估、登记结算、交易撮合、争议仲裁等的运营体系，健全数据交易平台报价、询价、竞价和定价机制，探索协议转让、挂牌等多种形式的数据交易模式。

（三）创新数据要素开发利用机制。适应不同类型数据特点,以实际应用需求为导向,探索建立多样化的数据开发利用机制。鼓励市场力量挖掘商业数据价值,推动数据价值产品化、服务化,大力发展专业化、个性化数据服务,促进数据、技术、场景深度融合,满足各领域数据需求。鼓励重点行业创新数据开发利用模式,在确保数据安全、保障用户隐私的前提下,调动行业协会、科研院所、企业等多方参与数据价值开发。对具有经济和社会价值、允许加工利用的政务数据和公共数据,通过数据开放、特许开发、授权应用等方式,鼓励更多社会力量进行增值开发利用。结合新型智慧城市建设,加快城市数据融合及产业生态培育,提升城市数据运营和开发利用水平。

五、大力推进产业数字化转型

（一）加快企业数字化转型升级。引导企业强化数字化思维,提升员工数字技能和数据管理能力,全面系统推动企业研发设计、生产加工、经营管理、销售服务等业务数字化转型。支持有条件的大型企业打造一体化数字平台,全面整合企业内部信息系统,强化全流程数据贯通,加快全价值链业务协同,形成数据驱动的智能决策能力,提升企业整体运行效率和产业链上下游协同效率。实施中小企业数字化赋能专项行动,支持中小企业从数字化转型需求迫切的环节入手,加快推进线上营销、远程协作、数字化办公、智能生产线等应用,由点及面向全业务全流程数字化转型延伸拓展。鼓励和支持互联网平台、行业龙头企业等立足自身优势,开放数字化资源和能力,帮助传统企业和中小企业实现数字化转型。推行普惠性"上云用数赋智"服务,推动企业上云、上平台,降低技术和资金壁垒,加快企业数字化转型。

（二）全面深化重点产业数字化转型。立足不同产业特点和差异化需求,推动传统产业全方位、全链条数字化转型,提高全要素生产率。大力提升农业数字化水平,推进"三农"综合信息服务,创新发展智慧农业,提升农业生产、加工、销售、物流等各环节数字化水平。纵深推进工业数字化转型,加快推动研发设计、生产制造、经营管理、市场服务等全生命周期数字化转型,加快培育一批"专精特新"中小企业和制造业单项冠军企业。深入实施智能制造工程,大力推动装备数字化,开展智能制造试点示范专项行动,完善国家智能制造标准体系。培育推广个性化定制、网络化协同等新模式。大力发展数字商务,全面加快商贸、物流、金融等服务业数字化转型,优化管理体系和服务模式,提高服务业的品质与效益。促进数字技术在全过程工程咨询领域的深度应用,引领咨询服务和工程建设模式转型升级。加快推动智慧能源建设应用,促进能源生产、运输、消费等各环节智能化升级,推动能源行业低碳转型。加快推进国土空间基础信息平台建设应用。推动产业互联网融通应用,培育供应链金融、服务型制造等融通发展模式,以数字技术促进产业融合发展。

专栏 4　重点行业数字化转型提升工程

1. 发展智慧农业和智慧水利。加快推动种植业、畜牧业、渔业等领域数字化转型,加强大数据、物联网、人工智能等技术深度应用,提升农业生产经营数字化水平。构建智慧水利体系,以流域为单元提升水情测报和智能调度能力。

2. 开展工业数字化转型应用示范。实施智能制造试点示范行动,建设智能制造示范工厂,培育智能制造先行区。针对产业痛点、堵点,分行业制定数字化转型路线图,面向原材料、消费品、装备制造、电子信息等重点行业开展数字化转型应用示范和评估,加大标杆应用推广力度。

3. 加快推动工业互联网创新发展。深入实施工业互联网创新发展战略,鼓励工业企业利用 5G、时间敏感网络(TSN)等技术改造升级企业内外网,完善标识解析体系,打造若干具有国际竞争力的工业互联网平台,提升安全保障能力,推动各行业加快数字化转型。

4. 提升商务领域数字化水平。打造大数据支撑、网络化共享、智能化协作的智慧供应链体系。健全电子商务公共服务体系,汇聚数字赋能服务资源,支持商务领域中小微企业数字化转型升级。提升贸易数字化水平。引导批发零售、住宿餐饮、租赁和商务服务等传统业态积极开展线上线下、全渠道、定制化、精准化营销创新。

续表

> 5. 大力发展智慧物流。加快对传统物流设施的数字化改造升级,促进现代物流业与农业、制造业等产业融合发展。加快建设跨行业、跨区域的物流信息服务平台,实现需求、库存和物流信息的实时共享,探索推进电子提单应用。建设智能仓储体系,提升物流仓储的自动化、智能化水平。
>
> 6. 加快金融领域数字化转型。合理推动大数据、人工智能、区块链等技术在银行、证券、保险等领域的深化应用,发展智能支付、智慧网点、智能投顾、数字化融资等新模式,稳妥推进数字人民币研发,有序开展可控试点。
>
> 7. 加快能源领域数字化转型。推动能源产、运、储、销、用各环节设施的数字化升级,实施煤矿、油气田、油气管网、电厂、电网、油气储备库、终端用能等领域设备设施、工艺流程的数字化建设与改造。推进微电网等智慧能源技术试点示范应用。推动基于供需衔接、生产服务、监督管理等业务关系的数字平台建设,提升能源体系智能化水平。

(三)推动产业园区和产业集群数字化转型。引导产业园区加快数字基础设施建设,利用数字技术提升园区管理和服务能力。积极探索平台企业与产业园区联合运营模式,丰富技术、数据、平台、供应链等服务供给,提升线上线下相结合的资源共享水平,引导各类要素加快向园区集聚。围绕共性转型需求,推动共享制造平台在产业集群落地和规模化发展。探索发展跨越物理边界的"虚拟"产业园区和产业集群,加快产业资源虚拟化集聚、平台化运营和网络化协同,构建虚实结合的产业数字化新生态。依托京津冀、长三角、粤港澳大湾区、成渝地区双城经济圈等重点区域,统筹推进数字基础设施建设,探索建立各类产业集群跨区域、跨平台协同新机制,促进创新要素整合共享,构建创新协同、错位互补、供需联动的区域数字化发展生态,提升产业链供应链协同配套能力。

(四)培育转型支撑服务生态。建立市场化服务与公共服务双轮驱动,技术、资本、人才、数据等多要素支撑的数字化转型服务生态,解决企业"不会转"、"不能转"、"不敢转"的难题。面向重点行业和企业转型需求,培育推广一批数字化解决方案。聚焦转型咨询、标准制定、测试评估等方向,培育一批第三方专业化服务机构,提升数字化转型服务市场规模和活力。支持高校、龙头企业、行业协会等加强协同,建设综合测试验证环境,加强产业共性解决方案供给。建设数字化转型促进中心,衔接集聚各类资源条件,提供数字化转型公共服务,打造区域产业数字化创新综合体,带动传统产业数字化转型。

专栏5   数字化转型支撑服务生态培育工程

1. **培育发展数字化解决方案供应商。**面向中小微企业特点和需求,培育若干专业型数字化解决方案供应商,引导开发轻量化、易维护、低成本、一站式解决方案。培育若干服务能力强、集成水平高、具有国际竞争力的综合型数字化解决方案供应商。

2. **建设一批数字化转型促进中心。**依托产业集群、园区、示范基地等建立公共数字化转型促进中心,开展数字化服务资源条件衔接集聚、优质解决方案展示推广、人才招聘及培养、测试试验、产业交流等公共服务。依托企业、产业联盟等建立开放型、专业化数字化转型促进中心,面向产业链上下游企业和行业内中小微企业提供供需撮合、转型咨询、定制化系统解决方案开发等市场化服务。制定完善数字化转型促进中心遴选、评估、考核等标准、程序和机制。

3. **创新转型支撑服务供给机制。**鼓励各地因地制宜,探索建设数字化转型产品、服务、解决方案供给资源池,搭建转型供需对接平台,开展数字化转型服务券等创新,支持企业加快数字化转型。深入实施数字化转型伙伴行动计划,加快建立高校、龙头企业、产业联盟、行业协会等市场主体资源共享、分工协作的良性机制。

六、加快推动数字产业化

(一)增强关键技术创新能力。瞄准传感器、量子信息、网络通信、集成电路、关键软件、大数据、人工智能、区块链、新材料等战略性前瞻性领域,发挥我国社会主义制度优势、新型举国体制优势、超大规模市场优势,提高数字技术基础研发能力。以数字技术与各领域融合应用为导向,推动行业企业、平台企业和数字技术服务企业跨界创新,优化创新成果快速转化机制,加快创新技术的工程化、产业化。鼓励发展新型研发机构、企业创新联合体等新型创新主体,打造多元化参与、网络化协同、市场化运作的创新生态体系。支持具有自主核心技术的开源社区、开源平台、开源项目发展,推动创新资源共建共享,促进创新模式开放化演进。

专栏6 数字技术创新突破工程

1. 补齐关键技术短板。优化和创新"揭榜挂帅"等组织方式,集中突破高端芯片、操作系统、工业软件、核心算法与框架等领域关键核心技术,加强通用处理器、云计算系统和软件关键技术一体化研发。

2. 强化优势技术供给。支持建设各类产学研协同创新平台,打通贯穿基础研究、技术研发、中试熟化与产业化全过程的创新链,重点布局5G、物联网、云计算、大数据、人工智能、区块链等领域,突破智能制造、数字孪生、城市大脑、边缘计算、脑机融合等集成技术。

3. 抢先布局前沿技术融合创新。推进前沿学科和交叉研究平台建设,重点布局下一代移动通信技术、量子信息、神经芯片、类脑智能、脱氧核糖核酸(DNA)存储、第三代半导体等新兴技术,推动信息、生物、材料、能源等领域技术融合和群体性突破。

(二)提升核心产业竞争力。着力提升基础软硬件、核心电子元器件、关键基础材料和生产装备的供给水平,强化关键产品自给保障能力。实施产业链强链补链行动,加强面向多元化应用场景的技术融合和产品创新,提升产业链关键环节竞争力,完善5G、集成电路、新能源汽车、人工智能、工业互联网等重点产业供应链体系。深化新一代信息技术集成创新和融合应用,加快平台化、定制化、轻量化服务模式创新,打造新兴数字产业新优势。协同推进信息技术软硬件产品产业化、规模化应用,加快集成适配和

迭代优化,推动软件产业做大做强,提升关键软硬件技术创新和供给能力。

(三)加快培育新业态新模式。推动平台经济健康发展,引导支持平台企业加强数据、产品、内容等资源整合共享,扩大协同办公、互联网医疗等在线服务覆盖面。深化共享经济在生活服务领域的应用,拓展创新、生产、供应链等资源共享新空间。发展基于数字技术的智能经济,加快优化智能化产品和服务运营,培育智慧销售、无人配送、智能制造、反向定制等新增长点。完善多元价值传递和贡献分配体系,有序引导多样化社交、短视频、知识分享等新型就业创业平台发展。

专栏7 数字经济新业态培育工程

1. **持续壮大新兴在线服务。**加快互联网医院发展,推广健康咨询、在线问诊、远程会诊等互联网医疗服务,规范推广基于智能康养设备的家庭健康监护、慢病管理、养老护理等新模式。推动远程协同办公产品和服务优化升级,推广电子合同、电子印章、电子签名、电子认证等应用。

2. **深入发展共享经济。**鼓励共享出行等商业模式创新,培育线上高端品牌,探索错时共享、有偿共享新机制。培育发展共享制造平台,推进研发设计、制造能力、供应链管理等资源共享,发展可计量可交易的新型制造服务。

3. **鼓励发展智能经济。**依托智慧街区、智慧商圈、智慧园区、智能工厂等建设,加强运营优化和商业模式创新,培育智能服务新增长点。稳步推进自动驾驶、无人配送、智能停车等应用,发展定制化、智慧化出行服务。

4. **有序引导新个体经济。**支持线上多样化社交、短视频平台有序发展,鼓励微创新、微产品等创新模式。鼓励个人利用电子商务、社交软件、知识分享、音视频网站、创客等新型平台就业创业,促进灵活就业、副业创新。

(四)营造繁荣有序的产业创新生态。发挥数字经济领军企业的引领带动作用,加强资源共享和数据开放,推动线上线下相结合的创新协同、产能共享、供应链互通。鼓励开源社区、开发者平台等新型协作平台发展,培育大中

小企业和社会开发者开放协作的数字产业创新生态,带动创新型企业快速壮大。以园区、行业、区域为整体推进产业创新服务平台建设,强化技术研发、标准制修订、测试评估、应用培训、创业孵化等优势资源汇聚,提升产业创新服务支撑水平。

七、持续提升公共服务数字化水平

(一)提高"互联网+政务服务"效能。全面提升全国一体化政务服务平台功能,加快推进政务服务标准化、规范化、便利化,持续提升政务服务数字化、智能化水平,实现利企便民高频服务事项"一网通办"。建立健全政务数据共享协调机制,加快数字身份统一认证和电子证照、电子签章、电子公文等互信互认,推进发票电子化改革,促进政务数据共享、流程优化和业务协同。推动政务服务线上线下整体联动、全流程在线、向基层深度拓展,提升服务便利化、共享化水平。开展政务数据与业务、服务深度融合创新,增强基于大数据的事项办理需求预测能力,打造主动式、多层次创新服务场景。聚焦公共卫生、社会安全、应急管理等领域,深化数字技术应用,实现重大突发公共事件的快速响应和联动处置。

(二)提升社会服务数字化普惠水平。加快推动文化教育、医疗健康、会展旅游、体育健身等领域公共服务资源数字化供给和网络化服务,促进优质资源共享复用。充分运用新型数字技术,强化就业、养老、儿童福利、托育、家政等民生领域供需对接,进一步优化资源配置。发展智慧广电网络,加快推进全国有线电视网络整合和升级改造。深入开展电信普遍服务试点,提升农村及偏远地区网络覆盖水平。加强面向革命老区、民族地区、边疆地区、脱贫地区的远程服务,拓展教育、医疗、社保、对口帮扶等服务内容,助力基本公共服务均等化。加强信息无障碍建设,提升面向特殊群体的数字化社会服务能力。

促进社会服务和数字平台深度融合,探索多领域跨界合作,推动医养结合、文教结合、体医结合、文旅融合。

专栏8 社会服务数字化提升工程

1. **深入推进智慧教育。**推进教育新型基础设施建设,构建高质量教育支撑体系。深入推进智慧教育示范区建设,进一步完善国家数字教育资源公共服务体系,提升在线教育支撑服务能力,推动"互联网+教育"持续健康发展,充分依托互联网、广播电视网络等渠道推进优质教育资源覆盖农村及偏远地区学校。

2. **加快发展数字健康服务。**加快完善电子健康档案、电子处方等数据库,推进医疗数据共建共享。推进医疗机构数字化、智能化转型,加快建设智慧医院,推广远程医疗。精准对接和满足群众多层次、多样化、个性化医疗健康服务需求,发展远程化、定制化、智能化数字健康新业态,提升"互联网+医疗健康"服务水平。

3. **以数字化推动文化和旅游融合发展。**加快优秀文化和旅游资源的数字化转化和开发。推动景区、博物馆等发展线上数字化体验产品,发展线上演播、云展览、沉浸式体验等新型文旅服务,培育一批具有广泛影响力的数字文化品牌。

4. **加快推进智慧社区建设。**充分依托已有资源,推动建设集约化、联网规范化、应用智能化、资源社会化,实现系统集成、数据共享和业务协同,更好提供政务、商超、家政、托育、养老、物业等社区服务资源,扩大感知智能技术应用,推动社区服务智能化,提升城乡社区服务效能。

5. **提升社会保障服务数字化水平。**完善社会保障大数据应用,开展跨地区、跨部门、跨层级数据共享应用,加快实现"跨省通办"。健全风险防控分类管理,加强业务运行监测,构建制度化、常态化数据核查机制。加快推进社保经办数字化转型,为参保单位和个人搭建数字全景图,支持个性服务和精准监管。

(三)**推动数字城乡融合发展。**统筹推动新型智慧城市和数字乡村建设,协同优化城乡公共服务。深化新型智慧城市建设,推动城市数据整合共享和业务协同,提升城市综合管理服务能力,完善城市信息模型平台和运行管理服务平台,因地制宜构建数字孪生城市。加快城市智能设施向乡村延伸覆盖,完善农村地区信息化服务供给,推进城乡要素双向自由流动,合理配置公共资源,形成以城带乡、共建共享的数字城乡融合发展格局。构建城

乡常住人口动态统计发布机制,利用数字化手段助力提升城乡基本公共服务水平。

专栏9 新型智慧城市和数字乡村建设工程

1. 分级分类推进新型智慧城市建设。结合新型智慧城市评价结果和实践成效,遴选有条件的地区建设一批新型智慧城市示范工程,围绕惠民服务、精准治理、产业发展、生态宜居、应急管理等领域打造高水平新型智慧城市样板,着力突破数据融合难、业务协同难、应急联动难等痛点问题。

2. 强化新型智慧城市统筹规划和建设运营。加强新型智慧城市总体规划与顶层设计,创新智慧城市建设、应用、运营等模式,建立完善智慧城市的绩效管理、发展评价、标准规范体系,推进智慧城市规划、设计、建设、运营的一体化、协同化,建立智慧城市长效发展的运营机制。

3. 提升信息惠农服务水平。构建乡村综合信息服务体系,丰富市场、科技、金融、就业培训等涉农信息服务内容,推进乡村教育信息化应用,推进农业生产、市场交易、信贷保险、农村生活等数字化应用。

4. 推进乡村治理数字化。推动基本公共服务更好向乡村延伸,推进涉农服务事项线上线下一体化办理。推动农业农村大数据应用,强化市场预警、政策评估、监管执法、资源管理、舆情分析、应急管理等领域的决策支持服务。

(四)**打造智慧共享的新型数字生活**。加快既有住宅和社区设施数字化改造,鼓励新建小区同步规划建设智能系统,打造智能楼宇、智能停车场、智能充电桩、智能垃圾箱等公共设施。引导智能家居产品互联互通,促进家居产品与家居环境智能互动,丰富"一键控制"、"一声响应"的数字家庭生活应用。加强超高清电视普及应用,发展互动视频、沉浸式视频、云游戏等新业态。创新发展"云生活"服务,深化人工智能、虚拟现实、8K高清视频等技术的融合,拓展社交、购物、娱乐、展览等领域的应用,促进生活消费品质升级。鼓励建设智慧社区和智慧服务生活圈,推动公共服务资源整合,提升专业化、市场化服务水平。支持实体消费场所建设数字化消费新场景,推广智慧导览、智能导流、虚实交互体验、非接触式服务等应用,提升场景消费体验。培育一批新型

消费示范城市和领先企业,打造数字产品服务展示交流和技能培训中心,培养全民数字消费意识和习惯。

八、健全完善数字经济治理体系

(一)强化协同治理和监管机制。规范数字经济发展,坚持发展和监管两手抓。探索建立与数字经济持续健康发展相适应的治理方式,制定更加灵活有效的政策措施,创新协同治理模式。明晰主管部门、监管机构职责,强化跨部门、跨层级、跨区域协同监管,明确监管范围和统一规则,加强分工合作与协调配合。深化"放管服"改革,优化营商环境,分类清理规范不适应数字经济发展需要的行政许可、资质资格等事项,进一步释放市场主体创新活力和内生动力。鼓励和督促企业诚信经营,强化以信用为基础的数字经济市场监管,建立完善信用档案,推进政企联动、行业联动的信用共享共治。加强征信建设,提升征信服务供给能力。加快建立全方位、多层次、立体化监管体系,实现事前事中事后全链条全领域监管,完善协同会商机制,有效打击数字经济领域违法犯罪行为。加强跨部门、跨区域分工协作,推动监管数据采集和共享利用,提升监管的开放、透明、法治水平。探索开展跨场景跨业务跨部门联合监管试点,创新基于新技术手段的监管模式,建立健全触发式监管机制。加强税收监管和税务稽查。

(二)增强政府数字化治理能力。加大政务信息化建设统筹力度,强化政府数字化治理和服务能力建设,有效发挥对规范市场、鼓励创新、保护消费者权益的支撑作用。建立完善基于大数据、人工智能、区块链等新技术的统计监测和决策分析体系,提升数字经济治理的精准性、协调性和有效性。推进完善风险应急响应处置流程和机制,强化重大问题研判和风险预警,提升系统性风险防范水平。探索建立适应平台经济特点的监管机制,推动线上线下监管有效衔接,强化对平台经营者及其行为的监管。

专栏 10 数字经济治理能力提升工程

1. **加强数字经济统计监测。**基于数字经济及其核心产业统计分类,界定数字经济统计范围,建立数字经济统计监测制度,组织实施数字经济统计监测。定期开展数字经济核心产业核算,准确反映数字经济核心产业发展规模、速度、结构等情况。探索开展产业数字化发展状况评估。

2. **加强重大问题研判和风险预警。**整合各相关部门和地方风险监测预警能力,健全完善风险发现、研判会商、协同处置等工作机制,发挥平台企业和专业研究机构等力量的作用,有效监测和防范大数据、人工智能等技术滥用可能引发的经济、社会和道德风险。

3. **构建数字服务监管体系。**加强对平台治理、人工智能伦理等问题的研究,及时跟踪研判数字技术创新应用发展趋势,推动完善数字中介服务、工业 APP、云计算等数字技术和服务监管规则。探索大数据、人工智能、区块链等数字技术在监管领域的应用。强化产权和知识产权保护,严厉打击网络侵权和盗版行为,营造有利于创新的发展环境。

（三）**完善多元共治新格局。**建立完善政府、平台、企业、行业组织和社会公众多元参与、有效协同的数字经济治理新格局,形成治理合力,鼓励良性竞争,维护公平有效市场。加快健全市场准入制度、公平竞争审查机制,完善数字经济公平竞争监管制度,预防和制止滥用行政权力排除限制竞争。进一步明确平台企业主体责任和义务,推进行业服务标准建设和行业自律,保护平台从业人员和消费者合法权益。开展社会监督、媒体监督、公众监督,培育多元治理、协调发展新生态。鼓励建立争议在线解决机制和渠道,制定并公示争议解决规则。引导社会各界积极参与推动数字经济治理,加强和改进反垄断执法,畅通多元主体诉求表达、权益保障渠道,及时化解矛盾纠纷,维护公众利益和社会稳定。

专栏 11　　多元协同治理能力提升工程
1. **强化平台治理**。科学界定平台责任与义务,引导平台经营者加强内部管理和安全保障,强化平台在数据安全和隐私保护、商品质量保障、食品安全保障、劳动保护等方面的责任,研究制定相关措施,有效防范潜在的技术、经济和社会风险。 　　2. **引导行业自律**。积极支持和引导行业协会等社会组织参与数字经济治理,鼓励出台行业标准规范、自律公约,并依法依规参与纠纷处理,规范行业企业经营行为。 　　3. **保护市场主体权益**。保护数字经济领域各类市场主体尤其是中小微企业和平台从业人员的合法权益、发展机会和创新活力,规范网络广告、价格标示、宣传促销等行为。 　　4. **完善社会参与机制**。拓宽消费者和群众参与渠道,完善社会举报监督机制,推动主管部门、平台经营者等及时回应社会关切,合理引导预期。

九、着力强化数字经济安全体系

（一）增强网络安全防护能力。强化落实网络安全技术措施同步规划、同步建设、同步使用的要求,确保重要系统和设施安全有序运行。加强网络安全基础设施建设,强化跨领域网络安全信息共享和工作协同,健全完善网络安全应急事件预警通报机制,提升网络安全态势感知、威胁发现、应急指挥、协同处置和攻击溯源能力。提升网络安全应急处置能力,加强电信、金融、能源、交通运输、水利等重要行业领域关键信息基础设施网络安全防护能力,支持开展常态化安全风险评估,加强网络安全等级保护和密码应用安全性评估。支持网络安全保护技术和产品研发应用,推广使用安全可靠的信息产品、服务和解决方案。强化针对新技术、新应用的安全研究管理,为新产业新业态新模式健康发展提供保障。加快发展网络安全产业体系,促进拟态防御、数据加密等网络安全技术应用。加强网络安全宣传教育和人才培养,支持发展社会化网络安全服务。

（二）**提升数据安全保障水平**。建立健全数据安全治理体系，研究完善行业数据安全管理政策。建立数据分类分级保护制度，研究推进数据安全标准体系建设，规范数据采集、传输、存储、处理、共享、销毁全生命周期管理，推动数据使用者落实数据安全保护责任。依法依规加强政务数据安全保护，做好政务数据开放和社会化利用的安全管理。依法依规做好网络安全审查、云计算服务安全评估等，有效防范国家安全风险。健全完善数据跨境流动安全管理相关制度规范。推动提升重要设施设备的安全可靠水平，增强重点行业数据安全保障能力。进一步强化个人信息保护，规范身份信息、隐私信息、生物特征信息的采集、传输和使用，加强对收集使用个人信息的安全监管能力。

（三）**切实有效防范各类风险**。强化数字经济安全风险综合研判，防范各类风险叠加可能引发的经济风险、技术风险和社会稳定问题。引导社会资本投向原创性、引领性创新领域，避免低水平重复、同质化竞争、盲目跟风炒作等，支持可持续发展的业态和模式创新。坚持金融活动全部纳入金融监管，加强动态监测，规范数字金融有序创新，严防衍生业务风险。推动关键产品多元化供给，着力提高产业链供应链韧性，增强产业体系抗冲击能力。引导企业在法律合规、数据管理、新技术应用等领域完善自律机制，防范数字技术应用风险。健全失业保险、社会救助制度，完善灵活就业的工伤保险制度。健全灵活就业人员参加社会保险制度和劳动者权益保障制度，推进灵活就业人员参加住房公积金制度试点。探索建立新业态企业劳动保障信用评价、守信激励和失信惩戒等制度。着力推动数字经济普惠共享发展，健全完善针对未成年人、老年人等各类特殊群体的网络保护机制。

十、有效拓展数字经济国际合作

（一）**加快贸易数字化发展**。以数字化驱动贸易主体转型和贸易方式变革,营造贸易数字化良好环境。完善数字贸易促进政策,加强制度供给和法律保障。加大服务业开放力度,探索放宽数字经济新业态准入,引进全球服务业跨国公司在华设立运营总部、研发设计中心、采购物流中心、结算中心,积极引进优质外资企业和创业团队,加强国际创新资源"引进来"。依托自由贸易试验区、数字服务出口基地和海南自由贸易港,针对跨境寄递物流、跨境支付和供应链管理等典型场景,构建安全便利的国际互联网数据专用通道和国际化数据信息专用通道。大力发展跨境电商,扎实推进跨境电商综合试验区建设,积极鼓励各业务环节探索创新,培育壮大一批跨境电商龙头企业、海外仓领军企业和优秀产业园区,打造跨境电商产业链和生态圈。

(二)推动"数字丝绸之路"深入发展。加强统筹谋划,高质量推动中国—东盟智慧城市合作、中国—中东欧数字经济合作。围绕多双边经贸合作协定,构建贸易投资开放新格局,拓展与东盟、欧盟的数字经济合作伙伴关系,与非盟和非洲国家研究开展数字经济领域合作。统筹开展境外数字基础设施合作,结合当地需求和条件,与共建"一带一路"国家开展跨境光缆建设合作,保障网络基础设施互联互通。构建基于区块链的可信服务网络和应用支撑平台,为广泛开展数字经济合作提供基础保障。推动数据存储、智能计算等新兴服务能力全球化发展。加大金融、物流、电子商务等领域的合作模式创新,支持我国数字经济企业"走出去",积极参与国际合作。

(三)积极构建良好国际合作环境。倡导构建和平、安全、开放、合作、有序的网络空间命运共同体,积极维护网络空间主权,加强网络空间国际合作。加快研究制定符合我国国情的数字经济相关标准和治理规则。依托双边和多边合作机制,开展数字经济标准国际协调和数字经济治理合作。积极借鉴国际规则和经验,围绕数据跨境流动、市场准入、反垄断、数字人民币、数据隐私保护等重大问题探索建立治理规则。深化政府间数字经济政策交流对话,建立多边数字经济合作伙伴关系,主动参与国际组织数字经济议题谈判,拓展前沿领域合作。构建商事协调、法律顾问、知识产权等专业化中介服务机制和公共服务平台,防范各类涉外经贸法律风险,为出海企业保驾护航。

十一、保障措施

(一)**加强统筹协调和组织实施**。建立数字经济发展部际协调机制,加强形势研判,协调解决重大问题,务实推进规划的贯彻实施。各地方要立足本地区实际,健全工作推进协调机制,增强发展数字经济本领,推动数字经济更好服务和融入新发展格局。进一步加强对数字经济发展政策的解读与宣传,深化数字经济理论和实践研究,完善统计测度和评价体系。各部门要充分整合现有资源,加强跨部门协调沟通,有效调动各方面的积极性。

(二)**加大资金支持力度**。加大对数字经济薄弱环节的投入,突破制约数字经济发展的短板与瓶颈,建立推动数字经济发展的长效机制。拓展多元投融资渠道,鼓励企业开展技术创新。鼓励引导社会资本设立市场化运作的数字经济细分领域基金,支持符合条件的数字经济企业进入多层次资本市场进行融资,鼓励银行业金融机构创新产品和服务,加大对数字经济核心产业的支持力度。加强对各类资金的统筹引导,提升投资质量和效益。

(三)**提升全民数字素养和技能**。实施全民数字素养与技能提升计划,扩大优质数字资源供给,鼓励公共数字资源更大范围向社会开放。推进中小学信息技术课程建设,加强职业院校(含技工院校)数字技术技能类人才培养,深化数字经济领域新工科、新文科建设,支持企业与院校共建一批现代产业学院、联合实验室、实习基地等,发展订单制、现代学徒制等多元化人才培养模式。制定实施数字技能提升专项培训计划,提高老年人、残障人士等运用数字技术的能力,切实解决老年人、残障人士面临的困难。提高公民网络文明素养,强化数字社会道德规范。鼓励将数字经济领域人才纳入各类人才计划支持范围,积极探索高效灵活的人才引进、培养、评价及激励政策。

(四)实施试点示范。统筹推动数字经济试点示范,完善创新资源高效配置机制,构建引领性数字经济产业集聚高地。鼓励各地区、各部门积极探索适应数字经济发展趋势的改革举措,采取有效方式和管用措施,形成一批可复制推广的经验做法和制度性成果。支持各地区结合本地区实际情况,综合采取产业、财政、科研、人才等政策手段,不断完善与数字经济发展相适应的政策法规体系、公共服务体系、产业生态体系和技术创新体系。鼓励跨区域交流合作,适时总结推广各类示范区经验,加强标杆示范引领,形成以点带面的良好局面。

(五)强化监测评估。各地区、各部门要结合本地区、本行业实际,抓紧制定出台相关配套政策并推动落地。要加强对规划落实情况的跟踪监测和成效分析,抓好重大任务推进实施,及时总结工作进展。国家发展改革委、中央网信办、工业和信息化部要会同有关部门加强调查研究和督促指导,适时组织开展评估,推动各项任务落实到位,重大事项及时向国务院报告。

一、规划的背景和作用

1.《"十四五"数字经济发展规划》的出台背景是什么？

党中央、国务院高度重视发展数字经济。习近平总书记指出,要站在统筹中华民族伟大复兴战略全局和世界百年未有之大变局的高度,统筹国内国际两个大局、发展安全两件大事,充分发挥海量数据和丰富应用场景优势,促进数字技术和实体经济深度融合,赋能传统产业转型升级,催生新产业新业态新模式,不断做强做优做大我国数字经济。[①] 政府工作报告多次对打造数字经济新优势,建设数字中国等提出工作要求、作出任务部署。为贯彻落实党中央、国务院重大决策部署和"十四五"规划《纲要》有关要求,深入实施数字经济战略,国家发展改革委联合中央网信办、工业和信息化部研究制定了《"十四五"数字经济发展规划》,提出了"十四五"时期推动数字经济发展的总体要求、重大任务和保障措施,对"十四五"时期各地区、各部门推进数字经济发展作出整体部署。

深刻理解《"十四五"数字经济发展规划》的时代背景,需着重把握以下三

---

① 习近平:《不断做强做优做大我国数字经济》,《求是》2022 年第 2 期。

个方面。

第一，新一轮科技革命和产业变革加速演变，与我国现代化新征程形成历史性交汇。过去两百年，人类经历了数次科技革命和产业变革，每一次都加速了人类文明演化进程，也深刻改变了世界经济格局。18 世纪中后期，蒸汽动力技术诞生，蒸汽驱动的纺织机等机器替代了个体工坊的手工作业，以大规模机械化生产为标志的工业经济全面开启。19 世纪末，电气动力技术得以发展，以电力为驱动的自动化流水线生产形成优势。20 世纪中期，计算机技术诞生，推动大规模机械化生产转变为自动化大生产。21 世纪以来，互联网、大数据、云计算等技术不断涌现、加快应用，推动生产方式向数字化、网络化、智能化转型。当今时代，数字技术、数字经济是世界科技革命和产业变革的先机，是新一轮国际竞争重点领域。加快发展数字经济已经成为构筑国家竞争新优势的必然选择。

第二，数字经济正在成为重组全球要素资源、重塑全球经济结构、改变全球竞争格局的关键力量。进入 21 世纪以来，全球科技创新处于空前密集活跃期，尤其是以人工智能、量子信息、移动通信、物联网、区块链等为代表的新一代信息技术加速突破和创新应用，推动数字经济蓬勃发展。借助数据、算力、算法，数字技术正加快向经济社会各领域全过程渗透，形成了全新的经济形态。数据成为关键生产要素，带来了新的生产要素组合，大大加速了产品创新、工艺创新和商业模式创新进程，使全球产业链供应链价值链深度重构。为把握未来竞争优势，各国纷纷出台数字经济相关发展战略，谋求数字经济发展主动权。

第三，我国数字经济发展的顶层设计和基础条件不断优化，需要抓住机遇推动数字经济做强做优做大。"十三五"时期，我国启动实施数字经济发展战略，数字经济对经济社会的引领带动作用日益凸显，新业态新模式快速发展，为经济社会持续健康发展提供了强大动力。我国经济实力、科技实力和综合国力跃上了新台阶,跨过国内生产总值100万亿元、人均国内生产总值1万美元的门槛,为数字经济发展构筑了坚实基础。从规模及增速看,我国数字经济规模连续多年稳居世界第二,信息通信基础设施、数字消费、数字产业等实现快速发展。从市场体量看,我国网民规模连续13年位居世界第一。截至2021年12月,我国网民规模达10.32亿人,庞大的网民规模奠定了超大规模市场优势,推动数字消费市场规模全球第一。从基础设施看,我国数字基础设施处于全球领先地位,在"宽带中国"战略等重大政策推动下,数字基础设施建设实现跨越式发展,建成全球最大的光纤网络。从国际合作看,我国持续深化与共建"一带一路"国家和地区的数字经济合作,积极参与国际数字治理规则制定,不断营造良好国际环境。

"十四五"时期,随着新一轮科技革命和产业变革深入发展,数字经济已成为世界各国抢抓发展新机遇、塑造国际竞争新优势的焦点,我国数字经济发展正转向深化应用、规范发展、普惠共享的新阶段。面向未来,数字经济在培育发展新动能,提升经济发展质量效益方面大有可为。我们要深刻把握新一轮科技革命和产业变革新机遇,不断做强做优做大我国数字经济。

2.《"十四五"数字经济发展规划》在"十四五"国家规划体系中具有怎样的定位和作用?

习近平总书记指出,编制和实施国民经济和社会发展五年规划,是我们党治国理政的重要方式。我国自古就讲究"谋定而后动""凡事预则立,不预则废"。《"十四五"数字经济发展规划》作为我国数字经济领域的首部国家级专项规划,是政府对数字经济未来发展的一种前瞻性谋划和战略性布局,是"十四五"时期推进数字经济发展的整体性部署。要理解《"十四五"数字经济发展规划》在"十四五"国家规划体系中具有怎样的定位和作用,需要从以下三个方面来把握。

第一,《"十四五"数字经济发展规划》是落实"十四五"规划《纲要》的重要部署。2021年3月,《中华人民共和国国民经济和社会发展第十四个五年规划和2035年远景目标纲要》经第十三届全国人民代表大会第四次会议表决通过,对"十四五"及未来更长时期国民经济和社会发展作出了系统谋划和战略部署。其中第五篇对加快数字化发展,建设数字中国提出了明确要求,提出打造数字经济新优势、加快数字社会建设步伐、提高数字政府建设水平和营造良好数字生态四方面任务,为《"十四五"数字经济发展规划》制定提供了依据。为了落实好"十四五"规划《纲要》的要求,《"十四五"数字经济发展规划》提出了8大任务11项工程。

第二,《"十四五"数字经济发展规划》是我国首部数字经济领域的国家级专项规划。目前,我国已逐步建立以发展规划为统领、以空间规划为基础、以区域规划和专项规划为支撑的国家规划体系。在国家规划体系中,《"十四五"数字经济发展规划》属于国家级专项规划。根据《国家级专项规划管理暂行办法》,国家级专项规划是指国务院有关部门以经济社会发展的特定领域为对象编制的、由国务院审批或授权有关部门批准的规划。根据专项规划定位,《"十四五"数字经济发展规划》统筹谋划了2021—2025年我国数字经济发展的总体思路、基本原则、主要目标和重大任务。"十四五"期间数字经济发展将以数据为关键要素,以数字技术与实体经济深度融合为主线,加强数字基础设施建设,完善数字经济治理体系,协同推进数字产业化和产业数字化,赋能传统产业转型升级,培育新产业新业态新模式,不断做强做优做大我国数字经济,为建设数字中国提供有力支撑。

第三,《"十四五"数字经济发展规划》是指导各地区、各部门推进数字经济发展的纲领性文件。鉴于《"十四五"数字经济发展规划》国家级专项规划的定位,我国与数字经济发展相关的规划及政策文件等,涉及数字经济发展的内容应与《"十四五"数字经济发展规划》做好衔接。目前,《"十四五"国家信息化规划》《"十四五"大数据产业发展规划》《"十四五"信息化和工业化深度融合发展规划》《"十四五"软件和信息技术服务业发展规划》等一批与数字经济密切相关的重大规划已经出台,均与数字经济规划充分衔接,并结合相关领域具体实际对重点任务做了进一步细化。这些文件中涉及数字经济发展的政策与《"十四五"数字经济发展规划》一起,共同构成了"十四五"时期推动数字经济发展的政策体系。

3.《"十四五"数字经济发展规划》与"十四五"规划《纲要》以及我国出台的数字经济发展系列政策间具有怎样的关系?

习近平总书记多次指出,一张好的蓝图,只要是科学的、切合实际的、符合人民愿望的,大家就要一茬一茬接着干。规划与规划之间的关系有章可循、有规可依,规划本身也必须循章而制、依规而行。2018年,中共中央、国务院发布了《关于统一规划体系更好发挥国家发展规划战略导向作用的意见》,为更好在规划层面实现"一张蓝图绘到底"提供了重要指引,对统一规划体系建设,发挥国家发展规划战略导向作用做了明确部署。根据文件精神,重点可从以下三个方面理解规划和政策间的关系。

第一,《"十四五"数字经济发展规划》落实"十四五"规划《纲要》部署,是对已有数字化发展任务部署的进一步细化实化具化。针对"十四五"规划《纲要》中提出的"迎接数字时代,激活数据要素潜能,推进网络强国建设,加快建设数字经济、数字社会、数字政府,以数字化转型整体驱动生产方式、生活方式和治理方式变革"的规划部署,《"十四五"数字经济发展规划》提出了8大任务。包括:优化升级数字基础设施、充分发挥数据要素作用、大力推进产业数字化转型、加快推动数字产业化、持续提升公共服务数字化水平、健全完善数字经济治理体系、着力强化数字经济安全体系、有效拓展数字经济国际合作等。

知识链接

什么是国家发展规划和专项规划?

国家发展规划,即中华人民共和国国民经济和社会发展五年规划纲要,是社会主义现代化战略在规划期内的阶段性部署和安排,主要是阐明国家战略意图、明确政府工作重点、引导规范市场主体行为,是经济社会发展的宏伟蓝图,是全国各族人民共同的行动纲领,是政府履行经济调节、市场监管、社会管理、公共服务、生态环境保护职能的重要依据。

国家级专项规划是指国务院有关部门以经济社会发展的特定领域为对象编制的、由国务院审批或授权有关部门批准的规划。国家级专项规划是指导特定领域发展、布局重大工程项目、合理配置公共资源、引导社会资本投向、制定相关政策的重要依据。

第二,《"十四五"数字经济发展规划》对"十四五"时期我国数字经济发展作出整体部署。"十三五"时期,我国深入实施数字经济发展战略,围绕激活数据要素、完善数字基础设施、培育新业态新模式、提升数字治理能力方面出台了大量政策,有力促进了数字产业化和产业数字化发展。例如,"十三五"规划《纲要》中就提出,实施国家大数据战略,推进数据资源开放共享。2019 年 8 月国务院办公厅印发《关于促进平台经济规范健康发展的指导意见》,

从国家层面对发展平台经济作出专门部署,提出要围绕更大激发市场活力,聚焦平台经济发展的突出问题,加大政策引导、支持和保障力度,创新监管理念和方式,着力营造公平竞争市场环境。2019年10月《国家数字经济创新发展试验区实施方案》中提到,在河北省(雄安地区)、浙江省、福建省、广东省、重庆市、四川省6个地方试点,开展国家数字经济创新发展试验区创建工作。2020年7月《关于支持新业态新模式健康发展 激活消费市场带动扩大就业的意见》中提出,培育产业平台化发展生态、加快传统企业数字化转型步伐、打造跨越物理边界的"虚拟"产业园和产业集群、发展基于新技术的"无人经济"。《"十四五"数字经济发展规划》在上述政策基础上立足当前、着眼长远,提出了"十四五"时期推动数字经济发展各项任务落实的具体举措。

第三,《"十四五"数字经济发展规划》是"十四五"时期各地方、各部门出台数字经济政策、开展相关工作的重要依据。《"十四五"数字经济发展规划》是数字经济领域的国家级专项规划,其在国家规划体系中的定位决定了其对数字经济相关政策的制定和出台具有重要指导作用。同时,为细化落实数字经济规划中的重点任务和举措,需要配合出台数字经济领域相关具体政策。例如,明确提出要强化数字基础设施适度超前部署,建立全国一体化大数据中心体系,加快实施"东数西算"工程,这需要在具体政策文件中进一步落实落细。目前,各地方、各部门正在完善数字经济领域相关政策举措,持续推动数字经济健康发展。

二、发展现状和形势

4. 如何理解数字经济的内涵和外延？

习近平总书记强调："近年来,互联网、大数据、云计算、人工智能、区块链等技术加速创新,日益融入经济社会发展各领域全过程,各国竞相制定数字经济发展战略、出台鼓励政策,数字经济发展速度之快、辐射范围之广、影响程度之深前所未有,正在成为重组全球要素资源、重塑全球经济结构、改变全球竞争格局的关键力量。"[①]为更好贯彻落实习近平总书记重要指示精神,做强做优做大我国数字经济,需要深刻理解数字经济的内涵和外延。

"数字经济"一词最早出现于 20 世纪 90 年代,见于著名学者唐·泰普斯科特(Don Tapscott)1996 年出版的《数字经济:网络智能时代的前景与风险》一书,该书描述了互联网将如何改变世界各类事务的运行模式并引发若干新的经济形式和活动。目前,世界范围内流行的数字经济界定共有三类(见图1)。一是认为数字经济是提供信息产品和服务的 ICT 产业。弗里兹·马克卢普(Fritz Machlup)1962 年提出"信息经济"概念,认识到"向市场提供信息

[①] 习近平:《不断做强做优做大我国数字经济》,《求是》2022 年第 2 期。

产品或信息服务的那些企业"是一种重要的经济部门。这一定义下,数字经济主要包括提供信息产品和服务的 ICT 产业。经济合作与发展组织(OECD)、麦肯锡咨询公司、欧洲智库布鲁盖尔(Bruegel)等都采用此定义范畴。二是认为数字经济包括 ICT 产业与新型融合业态。马克·波拉特(Marc Porat)1977 年指出,除马克卢普所说"第一信息部门"外,还应包括融合信息产品和服务的其他经济部门,即"第二信息部门",此时数字经济除包括生产信息产品和服务的 ICT 产业之外,还包括电子商品等新型经济形态。国际货币基金组织(IMF)、美国经济分析局(BEA)等采用此定义范畴。三是认为数字经济是全社会数字化发展的经济总和。唐·泰普斯科特 1996 年正式提出数字经济概念,泛指互联网技术引发的各种新型经济关系。数字经济发展为包含经济社会各领域的数字化生态。总体而言,国内外对数字经济概念尚未形成统一认识,数字经济的内涵也在不断扩展延伸。目前,国内对于数字经济较有代表性的界定是由《"十四五"数字经济发展规划》作出的:数字经济是继农业经济、工业经济之后的主要经济形态,以数据资源为关键要素,以现代信息网络为主要载体,以信息通信技术融合应用、全要素数字化转型为重要推动力,促进公平与效率更加统一的新经济形态。

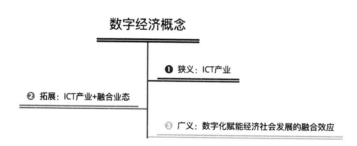

图 1　数字经济概念

注:作者根据公开资料绘制本图。

关于数字经济的基本内涵,主要从以下四个方面理解。一是数据资源是发展数字经济的关键要素,是加快构建新发展格局的新动力。数据与传统要素有机结合,能够显著提高资源配置效率和利用水平。新形势下,充分激活数据要素价值,发挥数据要素的战略资源作用和创新引擎功能,更好发展以数据驱动的数字经济,对于我国抢占数字革命制高点、激发产业活力、促进社会治理现代化具有重要意义。二是现代信息网络是发展数字经济的主要载体。以5G、物联网、工业互联网、卫星互联网等为代表的现代信息网络,已经成为重要的数字基础设施。其中,共享经济平台、电子商务平台等互联网平台,在推动消费互联网经济的广泛、快速发展上起到了重要作用。通过平台化、在线化手段能够有效打破传统经济活动的时空限制。未来,随着产业互联网不断发展,将在更大程度和更广维度上推动生产方式的转型,开拓数字经济新的增长空间。三是信息通信技术融合应用已经成为经济发展的重要推动力。信息通信技术使创新主体之间的知识分享和合作更高效,多样化的创新主体主动适应数字化技术,不仅在产品和服务创新上,并且在组织与管理等活动上,形成了松耦合、灵活化、超时空、去中心化的新形式。信息通信技术给经济发展带来的这些变化,已经成为推动经济发展的一股不可小觑的内生力量。四是全要素数字化转型为经济发展注入新的活力。通过对工业、农业和服务业进行全方位、全链条的改造,提高土地、劳动、技术、资本等其他要素的生产效率,能够发挥数字对经济发展的放大、叠加、倍增作用。

关于数字经济发展的外在特征,主要从以下三个方面理解。一是高创新性。具体而言,技术与组织的创新会触发"连锁反应",一项成功的创新后面会相继引出几十甚至上百个迭代升级的创新。近年来,互联网、大数据、云计算、人工智能、区块链等技术加速创新,日益融入经济社会发展各领域全过程,数字经济发展速度之快、辐射范围之广、影响程度之深前所未有。二是强渗透性。具体而言,数字技术能够广泛渗透到生产、分配、交换和消费的各个环节,数字经济与实体经济深度融合,持续赋能和扩展现代经济的增长空间。三是广覆盖性。数字技术是推动社会化大生产实现网络化协作的重要力量。随着社会化大生产网络化、规模化水平越来越高,协同共生促进了各种新关系和新联系的生成,而当更多事物互联互通之后又会推动网络向更高层级演化,广覆盖性又进一步实现广度与深度的飞跃。

5. 党的十八大以来,我国数字经济发展经历了怎样的过程?

党的十八大以来,习近平总书记高度重视发展数字经济,多次就推动数字经济健康发展作出重要指示批示,明确了数字经济在构建新发展格局、建设现代化经济体系、构筑国家竞争新优势中的重要地位,深刻回答了推动数字经济发展的一系列重大理论和实践问题,为新时代推动数字经济发展各项工作指明了前进方向、提供了根本遵循。在习近平新时代中国特色社会主义思想正确指引下,党中央、国务院审时度势,准确把握科技革命和产业变革大势,将发展数字经济上升为国家战略,推动我国数字经济从小到大、由大到强,走在世界前列。

从发展历程看,党的十八大以来,我国数字经济经历了三个阶段。

一是2012年至2017年,互联网向各领域加速渗透,数字经济蓬勃发展。面对全球互联网不断拓展发展疆域,向经济社会各领域逐步渗透、跨界融合的发展态势,党的十八大提出,要"建设下一代信息基础设施,发展现代信息技术产业体系,健全信息安全保障体系,推进信息网络技术广泛运用";党的十八届五中全会提出,要实施网络强国战略和国家大数据战略,拓展网络经济空间,促进互联网和经济社会融合发展,支持基于互联网的各类创新。党中央、国务院接连部署实施"互联网+"行动、大数据、新型智慧城市、网络强国等系列战略,推动互联网向各领域全面渗透。

二是2017年至2020年,数字经济从量的增长迈向质的突破。全球互联网创新更加活跃,我国消费、娱乐领域数字经济发展走在全球前列,工业、农业以及民生服务等方面发展仍有较大差距。面对这一形势,党的十九大提出,要推动互联网、大数据、人工智能和实体经济深度融合,建设数字中国、智慧社会;党的十九届四中全会首次将数据要素列入生产要素范畴,数字经济发展战略纲要出台实施,从国家层面统筹部署数字经济发展,工业互联网、数字乡村等建设行动加快实施,推动数字技术赋能实体经济。

三是 2020 年以来,推动数字经济健康发展。随着全球数字经济大国博弈日趋激烈,我国核心技术受制于人、数据安全、垄断和不正当竞争等问题日益突出。着眼"十四五"时期发展,党的十九届五中全会提出,要发展数字经济,推进数字产业化和产业数字化,推动数字经济和实体经济深度融合,打造具有国际竞争力的数字产业集群;国务院出台《"十四五"数字经济发展规划》,围绕加强数字基础设施建设、完善数字经济治理体系、协同推进数字产业化和产业数字化等作出战略部署。各部门坚持发展和规范并重,完善平台经济治理体系,开展一系列治理工作,推动我国数字经济健康发展。

6. 世界主要国家的数字经济发展呈现出哪些新的趋势?

2020 年以来,新冠肺炎疫情深刻改变了经济社会发展方式、国际分工合作态势以及全球竞争格局。为应对经济下行压力、迎接国际格局重塑挑战,各国加快政策调整,布局推动数字经济发展。习近平总书记指出,同世界数字经济大国、强国相比,我国数字经济大而不强、快而不优。[1] 把握和吸纳世界先进经验对我国数字经济发展具有重要意义。具体而言,世界主要国家的数字经济发展呈现出以下新趋势。

---

[1] 习近平:《不断做强做优做大我国数字经济》,《求是》2022 年第 2 期。

第一，更加突出提升和巩固数字技术全球竞争力。在战略性科技研发领域，美国拜登政府聚焦关键和新兴技术开发，将超算、通信和网络技术、人工智能、半导体和微电子等19类技术视为提升美国技术竞争力及其国家安全的着力点。日本积极推广战略性创新创造计划，主要针对革命性网络空间基础技术，下一代革命性制造技术等领域，以破坏性创新为目标，制定研发计划。韩国政府在2022年首次将半导体、未来汽车、生物健康三个领域的65项技术指定为"国家战略技术"，并计划在2025年前将半导体行业竞争力提升至世界第一。在科技创新人才培养领域，2022年1月，美国国务院和国土安全部公布移民新政策，降低科学（Science）、技术（Technology）、工程（Engineering）、数学（Mathematics）即"STEM"专业人才获取美国绿卡门槛，同时新增22个STEM专业，进一步吸纳世界范围内高技术人才。日本政府以构建"社会5.0"为目标，面向初高中教育阶段推进STEM教育和人工智能知识及技能教育，面向社会各年龄层推进循环教育。

第二，更加注重数字基础设施普惠优质发展。在信息基础设施建设方面，美国政府将更加注重宽带的普及性。根据国际分析咨询机构报告显示，2021年美国宽带普及率为86%，这一数据远落后于英国等欧洲发达国家。在2021年4月公布的2万亿美元基础设施建设计划中，美国政府计划投入1000亿美元用于宽带建设，以期在10年内实现100%宽带覆盖率。日本政府则不断加快5G网络及高速光纤网络的普及速度，在5G普及方面，日本计划于2023年底实现95%的5G网络人口覆盖率目标，原计划同期目标为90%；在高速光纤建设方面，日本计划于2027年底实现99.9%的家庭覆盖率，较原先目标提前约3年。在工业互联网建设方面，德国发布《国家工业战略2030》，认为机器与互联网相互连接构成的工业4.0是极其重要的突破性技术，工业生产中应用互联网技术逐渐成为标配，以实现制造、供应、销售信息的数据化、智慧化。日本政府则提出"互联工业"战略，以期建立人与设备和系统的相互交互的新型数字社会,通过合作与协调解决工业新挑战。在车联网建设方面,2020年11月美国联邦通信委员会(FCC)将5.9GHz频段(5.850-5.925GHz)划拨给Wi-Fi和C-V2X使用,其中较高的30MHz频谱划拨用于C-V2X技术来提高汽车安全。在智慧城市推进方面,新加坡制定实施"智慧国家2025"计划,建设覆盖全岛数据收集、连接和分析的基础设施与操作系统,预先根据交通情况预测塞车路段、利用电眼观察环境清洁、使用无人驾驶车辆提供短程载送服务、预测公民需求提供更好公共服务等。日本2020年通过《国家战略特区法修订案》,推动"智能都市"建设,实现自动驾驶汽车、无人机快递、无现金支付、在线问诊等生活服务。

第三,更加重视增强数字经济产业链稳定性。为应对当今世界的诸多不确定性,部分国家推动关键技术产业链的本地化、多元化,以增强经济稳定性。从本地化角度看,美国高度关注以半导体为核心的供应链竞争力重塑。拜登政府提出的《2022美国竞争法案》指出,美国将创立芯片基金,拨款520亿美元鼓励美国的私营企业投资半导体的生产。这项法案还授权450亿美元资金额度以改善美国的供应链以及加强制造业。从数字多元化角度看,2021年5月,欧盟公布供应链多元化计划,解决其在半导体、原材料、医药原料等6个战略领域对外国供应商的依赖。2022年2月,欧盟进一步推出《芯片法案》,旨在通过汇集来自欧盟成员国和现有联盟相关第三国及私营机构资源力量,建设"芯片联合事业群",促进相关领域的研究、开发和创新,增强自身半导体工业竞争力与稳定性。

第四,更加重视支撑引领传统产业的转型升级。德国致力于构建互联互通的数字化转型产业生态。2019年4月,德国联邦经济能源部发布最新工业4.0战略前瞻性文件《2019年进展报告:德国2030年工业4.0愿景》,明确将构建全球数字生态作为未来10年德国数字化转型的新目标。美国以强化创新和技术成果转化体系为核心推动制造业转型升级。2017年以来,美国在国家制造业创新网络（NNMI）基础上，继续推动"制造美国"（Manufacturing USA）计划，该计划通过联邦政府与产业界、学术界专家合作，构建关键利益相关者的互利合作关系。美国制造业计划在原有包括美国数字制造与设计创新机构（DMDII）等研究中心的基础上，打造一个以创新中心和研究院为核心的创新生态和成果转化生态。英国在其《数字化战略》（UK Digital Strategy）中计划通过数字化弹射器（Digital Catapult）项目共享最佳实践并提供商业培训"训练营"，帮助英国企业加快数字化发展。与此同时，各国数字化转型投资稳步增长。根据 IDC 相关数据，美国 2020 年数字化转型投入占全球三分之一。欧洲将是数字化转型投资的第二大区域，2020 年数字化转型投入同比增长 12.8%。德国联邦教育与研究部累计拨付上亿欧元经费支持工业 4.0 技术研发项目，德国经济与能源部出资 5600 万欧元建立 10 个中小企业数字化能力中心，德国地方政府也积极筹措配套资金加快工业 4.0 落地。

第五，更加强调国际治理规则和标准制定。在推动数字经济发展的同时，各国间关于跨境数据流动、数字税、人工智能、数字货币、数据立法等议题的讨论逐步加深。在跨境数据流通方面，2020 年底，旨在促进东亚经贸一体化的《区域全面经济伙伴关系协议》（RCEP）签订，在保障数据自由流动方面，首次将"安全例外"条款写入规则框架，即数据自由流动相关原则应当被落实，但同样应当保证缔约方关键的基本安全利益；2021 年七国集团（G7）贸易部长会议发表关于数字贸易宣言，提出可信数据流动若干原则，调和欧洲较为严格的数据保护策略与美国较为开放的数据管理制度，共同反对数字保护主义与数字威权主义。在数字税方面，131 个国家就二十国集团（G20）/经济合作与发展组织（OECD）国际税收包容性框架达成协议，同意 15% 最低税率，确保大企业在销售所在地纳税，欧盟部分国家取消或暂缓推出数字税。在人工智能方面，联合国教科文组织 193 个会员国通过了《人工智能伦理问题建议书》，旨在规范人工智能发展应遵循的原则以及划定在原则指导下人工智能应用的领域;欧委会发布《人工智能统一规则》提案,提出"基于风险"的治理路径。在数字货币方面,二十国集团金融稳定委员会制定跨境支付路线图;国际清算银行下辖多个机构推动清算基础设施标准、跨境支付、加密资产风险等规则形成;国际货币基金组织(IMF)负责评估稳定币对成员国货币主权的影响。在数据立法方面,2022年2月,欧盟公布《数据法案》草案全文,继《通用数据保护条例》(GDPR)之后,再次引起国际社会强烈反响。

7."十三五"时期我国数字经济发展取得了哪些突出成就?

"十三五"时期,我国深入实施数字经济发展战略,不断完善数字基础设施,加快培育新业态新模式,推进数字产业化和产业数字化取得积极成效。2020年,我国数字经济核心产业增加值占国内生产总值(GDP)比重达到7.8%,数字经济为经济社会持续健康发展提供了强大动力。

第一,信息基础设施全球领先。"十三五"期间,我国信息通信产业创新发展能力不断增强,移动网络覆盖向纵深延伸,我国已建成全球规模最大的光纤和4G网络,网络提速卓有成效,固定宽带迈入千兆时代。5G网络快速部署,截至2020年底,我国累计建成5G基站超过71.8万个,推动共建共享5G基站33万个。①

第二,产业数字化转型稳步推进。"十三五"期间,我国产业数字化占GDP比重由2016年的23.3%提升至2020年的31.2%,农业数字化水平从6.2%增长到8.9%,工业数字化水平从16.8%增长到21.00%,服务业数字化水平从29.6%增长到40.7%。② 产业数字化加速增长,成为实体经济转

---

① 工业和信息化部:《2020年通信业统计公报》。
② 中国信息通信研究院:《中国数字经济发展白皮书》(2021)。

型升级的重要支撑力量。在制造领域,2015年以来,我国聚焦制造业的关键环节,积极推进智能制造,通过不断探索、反复试错,取得了积极成效。两化融合水平不断提升。截至2020年6月,制造业重点领域企业关键工序数控化率和数字化研发设计工具普及率分别达到51.1%和71.5%,为进一步推动数字化转型创造了良好条件。工业互联网应用不断拓展。工业互联网高质量外网覆盖300个城市、连接18万家工业企业。全国具有一定行业、区域影响力的工业互联网平台超过70个,连接工业设备数量达4000万台套,工业APP突破25万个。五大国家顶级标识解析节点和74个二级节点已建成并上线运营。在新冠肺炎疫情防控和复工复产中,基于工业互联网的远程协作、供需对接、预测性维护、无接触生产等模式得到广泛应用。

第三,新业态新模式竞相发展。在服务领域,电子商务、共享经济等服务业数字化发展对数字经济增长贡献巨大。"十三五"期间,我国电子商务交易额年均增速达11.6%。2020年全国网上零售额达到11.8万亿元,同比增长10.9%,其中实物商品网上零售额增长14.8%。在线医疗、远程办公等数字服务蓬勃发展,用户规模分别达3.81亿、2.76亿、1.99亿。

第四,数字政府建设成效显著。党的十八届三中全会提出"推进国家治理体系和治理能力现代化"以来,我国牢牢把握数字技术发展带来的历史机遇,加快推进政务信息化重大工程建设。"十三五"以来,从中央到地方加快推动数字政府建设,政府公共服务供给能力显著提升。全国一体化在线政务服务平台上线运行,联通31个省(自治区、直辖市)、40余个国务院部门。"最多跑一次""一网通办""异地可办"等措施陆续上线,在促进政府职能转变、优化营商环境的同时,也提升了社会治理水平,提升了人民群众的获得感。

第五,数字经济国际合作不断深化。"十三五"期间,在数字经济双多边合作方面,我国深入推进"数字丝绸之路"建设合作,积极参与联合国、G20、金砖国家、APEC、WTO等多边机制数字领域国际规则制定。一是倡导发起《二十国集团数字经济发展与合作倡议》《"一带一路"数字经济国际合作倡议》《携手构建网络空间命运共同体行动倡议》《全球数据安全倡议》，为全球数字经济发展和网络空间治理贡献中国方案。截至 2020 年底，我国已与 16 个国家签署"数字丝绸之路"合作谅解备忘录，与 22 个国家建立"丝路电商"双边合作机制。二是主动申请加入《全面与进步跨太平洋伙伴关系协定》（CPTPP）和《数字经济伙伴关系协定》（DEPA），与世界各国共同构建和平、安全、开放、合作、有序的网络空间。三是主办"一带一路"国际合作高峰论坛等国际会议，为世界搭建全球数字经济交流合作的平台。四是推进设施联通，我国协同相关国家，聚焦关键通道、关键城市、关键项目，着力推动陆上、海上、天上、网上四位一体的联通。目前，以中巴、中蒙俄、新亚欧大陆桥等经济走廊为引领，以陆海空通道和信息高速路为骨架，以铁路、港口、管网等重大工程为依托，一个复合型的基础设施网络正在形成。我国与"一带一路"沿线十几个国家建成有关陆缆海缆，系统容量超过 100Tbps，直接连通亚洲、非洲、欧洲等世界各地，信息基础设施互联互通取得明显成效。

8. 如何理解当前我国数字经济发展面临的挑战和不足？

习近平总书记在 2021 年 10 月 18 日主持十九届中央政治局第三十四次集体学习时提出，我们要看到，同世界数字经济大国、强国相比，我国数字经济大而不强、快而不优。当前，制约我国数字经济进一步发展的重难点主要集中在以下四个方面。

第一，关键领域创新能力不足，产业链供应链受制于人的局面尚未根本改变。关键数字核心技术基础较薄弱成为数字经济发展的掣肘。在数字产业化方面，关键核心技术自主研发能力不足，通信产品、技术产品的稳定可控性和安全可靠性有待加强。在产业数字化方面，我国传统制造业企业自主创新能力不强,尖端制造工艺、核心芯片、先进制造技术等关键环节对外依赖性较高。随着逆全球化加剧,发达国家制造业回流趋势明显,为我国制造业向高端化发展提出了新的要求。此外,我国产学研结合不够紧密,科技创新成果转化率不高,科研成果未能及时转化为产业生产力。

第二,不同行业、不同区域、不同群体间数字鸿沟未有效弥合,甚至有进一步扩大趋势。不同地区信息通信基础设施建设水平参差不齐,与一、二线城市相比,广大偏远农村和待发展地区的信息通信基础设施建设相对落后。此外,产业数字化转型呈现出服务业先于工业、工业先于农业的发展特征。同一产业部门之间,尽管头部企业数字化程度较高,但中小型企业受限于资金、技术限制,数字化转型意愿和能力不足,无法形成大规模企业集群数字生态化运作,不利于提升产业链业务协同水平。

第三,数据资源规模庞大,但价值潜力还没有充分释放。从宏观角度看,不同行业、不同区域、不同群体间广泛存在的数字鸿沟,限制了数据要素的积累水平,数据资源开发利用水平也有待提升。在数据交易层面,数据要素交易市场缺乏统一的数据标准化、资产化和商业化体系,难以建立标准统一的大数据市场。如,缺乏合理的数据资产有效定价、成本和收益估算机制以及相应的交易规范,交易过程易出现市场失灵;缺乏全国统一的数据交易法律法规和行业标准,使数据标准化程度低、储存整合灵活性差、跨平台交易效率不高,并且在可交易数据范围及种类、交易市场准入和纠纷解决等领域仍存在法律空白。

第四,数字经济治理体系需进一步完善。一方面,海量的数据给数据监管带来了极大挑战。在数据产权方面,存在一系列亟待解决的问题。例如,数据的所有权难以界定,数据拥有者、使用者和管理者之间的责任权利难以确定,数据市场的监管不足等。另一方面,数据安全监管体系尚未完全确立。用户信息面临被过度采集、使用和泄露的风险,数据安全面临挑战。

9. 当前和今后一个时期我国数字经济发展面临着怎样的形势?

当前,新一轮科技革命和产业变革深入发展,数字化转型已经成为大势所趋,但受内外部多重因素影响,我国数字经济发展面临的形势正在发生深刻变化,主要表现在以下四个方面。

第一,发展数字经济成为把握新一轮科技革命和产业变革新机遇的战略选择。数字经济是数字时代国家综合实力的重要体现,是构建现代化经济体系的重要引擎。世界主要国家均高度重视发展数字经济,不断出台战略规划,采取各种举措打造竞争新优势。当前,第四次工业革命正处于起步期,新的产业分工尚未形成、产业格局尚在调整,我国与世界强国位于相同的起点,必须要抓住这一关键的时间窗口,发挥制造大国、网络大国的综合优势,发挥数字经济的放大、叠加、倍增作用,在新一轮科技革命和产业变革中赢得先机、赢得主动、赢得未来。

第二,数据要素成为数字经济深化发展的核心引擎。数据对提高生产效率的乘数作用不断凸显,成为最具时代特征的生产要素。数据的爆发增长、海量集聚蕴藏了巨大的价值,为数字化发展带来了新的机遇。数据要素将放大各类生产要素在社会流转中产生的价值。同时,数据自身作为生产要素的一种,本身具有产生巨大价值的能力,数据要素可复制、可共享、可无限增长和供给的特性,将打破传统要素有限供给对增长的制约。协同推进技术、模式、业态和制度创新,切实用好数据要素,将为经济社会数字化发展带来强劲动力。

第三,数字化服务成为满足人民美好生活需要的重要途径。数字化方式正有效打破时空阻隔,提高有限资源的普惠化水平,极大地方便群众生活,满足多样化个性化需要。数字经济正在让广大群众享受到看得见、摸得着的实惠。中国特色社会主义进入新时代,我国社会主要矛盾已经转化为人民日益增长的美好生活需要和不平衡不充分的发展之间的矛盾。智能手机、智能汽车、智能家居等不断推陈出新,为人们带来了更加便捷、更加美好的生活体验;智能化装备及人工智能系统的广泛应用,将人们从繁重的重复性劳动、恶劣危险的工作环境中解放出来。数字技术与实体经济的融合发展,催生了更加智能化的产品、人性化的生产、个性化的体验、差异化的服务,有利于更好满足人民群众对更高层次美好生活的追求。

第四,规范健康可持续成为数字经济高质量发展的迫切要求。我国数字经济规模快速扩张,但发展不平衡、不充分、不规范的问题较为突出,创新能力、国际化水平、产业链价值链掌控力等有待进一步提升。关键数字技术基础较薄弱,精密传感器、集成电路、操作系统、工业软件、数据库、开源平台等核心技术对国外依赖严重。数字经济治理体系尚需进一步完善。面对问题挑战,迫切需要转变传统发展方式,加快补齐短板弱项,提高我国数字经济治理水平,走出一条高质量发展道路。

三、总体要求

10. 如何理解"以数字技术与实体经济深度融合为主线"？

习近平总书记在十九届中央政治局第三十四次集体学习时指出,要充分发挥海量数据和丰富应用场景优势,促进数字技术和实体经济深度融合,赋能传统产业转型升级,催生新产业新业态新模式,不断做强做优做大我国数字经济。《"十四五"数字经济发展规划》提出数字经济发展要"以数字技术与实体经济深度融合为主线",具体可从以下四个方面理解。

第一,"以数字技术与实体经济深度融合为主线"是新形势下发展数字经济的必然选择,对于引领高质量发展具有重大意义。一方面,传统产业面临着日益严格的资源环境约束,亟待通过数字技术、数据要素赋能来突破传统生产方式的瓶颈,再造生产流程、重塑产业格局、重构商业生态,最终实现高质量发展。数字技术创新应用还可以帮助制造业企业大幅提升对需求的感知和挖掘能力,有助于满足人民群众日益增长的高质量、个性化需求。另一方面,实体经济的大规模应用,不仅为数字经济提供了强大的牵引力,还使数字技术依托实体经济的应用场景,源源不断地产生有效的数据要素供给,从而造就了数字技术与实体经济融合发展的良好局面。

第二,"以数字技术与实体经济深度融合为主线"的发展方式是顺应数字经济发展实践演变的大势所趋。深化应用是"十四五"时期数字经济发展的主要特征之一。一直以来,我国服务业领域数字化发展增速迅猛,电子商务、平台经济、共享经济等新产业新模式新业态蓬勃发展。同时,工业有着较长的产业链条和更丰富的应用场景,可释放出更大的外溢效应、乘数效应。从数字技术创新应用的趋势看,数字技术在经济活动中的应用重点正从需求侧更多转向供给侧、从个人消费更多转向企业生产、从线上更多转向线上线下协同,工业是国民经济的主阵地,也成为数字化转型的主战场。"以数字技术与实体经济深度融合为主线"将为"十四五"数字经济发展带来更广阔的成长空间。

第三,"以数字技术与实体经济深度融合为主线"彰显独特的大国比较优势与发展导向。近年来,我国传统产业数字化不断深入,实体经济数字化转型快速推进,为数字技术提供了丰富的应用场景与大量的数据来源,并可以检验数字技术的应用成效,促进数字技术迭代升级。作为世界工业门类最齐全的工业大国,我国具有制造大国和网络大国双重优势,产业数字化是数字经济的主阵地,制造业数字化是产业数字化的主攻方向。面向制造、矿山、能源、交通、物流、医疗等重点行业,制定数字化转型路线图,形成可复制、可推广的行业数字化转型系统解决方案,促进工业和各个产业数字化绿色化转型升级,是"十四五"数字经济的重点发展方向。

第四,"以数字技术与实体经济深度融合为主线"是贯穿于"十四五"数字经济发展各项重大任务的部署安排。一是从点上发力,引导企业增强数字化思维、加快企业数字化转型升级,既要发挥大企业示范作用,支持有条件的大型企业打造一体化数字平台、支持互联网平台和龙头企业等开放数字化资源和能力,又要以大带小,实施中小企业数字化赋能专项行动、推行普惠性"上云用数赋智"服务。二是从线上贯通,全面深化重点产业数字化转型,提升农业生产、加工、销售、物流等各环节数字化水平,加快推动种植业、畜牧业、渔业等领域数字化转型,纵深推进工业数字化转型,深入实施智能制造工程,全面加快商贸、物流、金融等服务业数字化转型。三是从面上推进,深化园区与产业集群数字化转型,推动共享制造平台在产业集群落地和规模化发展,探索发展"虚拟"产业园区和产业集群,探索建立各类产业集群跨区域、跨平台协同新机制。四是从整体上培育,加快打造转型支撑服务生态,聚焦转型咨询、标准制定、测试评估等方向,培育一批第三方专业化服务机构,建设数字化转型促进中心,深入实施数字化转型伙伴行动计划。

11. 为什么要协同推进数字产业化和产业数字化?

党的十九届五中全会提出,发展数字经济,推进数字产业化和产业数字化,打造具有国际竞争力的数字产业集群。数字经济包括数字产业化和产业数字化两部分。从内涵上看,数字产业化是指数字技术、产品和服务的产业化、商业化和市场化;产业数字化是指利用现代数字技术对传统产业进行全方位、全角度、全链条改造,推动数字技术与实体经济融合发展。从范围上看,根据国家统计局《数字经济及其核心产业统计分类(2021)》,数字经济包括 01 数字产品制造业、02 数字产品服务业、03 数字技术应用业、04 数字要素驱动业、05 数字化效率提升业等五大类。其中,第 01—04 类即数字产业化部分,具体包括计算机通信和其他电子设备制造业、电信广播电视和卫星传输服务、互联网和相关服务、软件和信息技术服务业等;第 05 类为产业数字化部分,具体包括智慧农业、智能制造、智能交通、智慧物流、数字金融、数字商贸、数字社会、数字政府以及其他数字化效率提升业。

协同推进数字产业化和产业数字化本质上是由两者的内涵和功能所决定的。一方面,数字产业化提供技术、产品、服务和解决方案,是数字经济的核心基础。另一方面,产业数字化提供应用场景、动能和价值,是数字经济的重要组成部分。协同推进数字产业化和产业数字化要求两者协调发展、相辅相成,既为数字经济发展提供关键技术和核心要素支撑,又为数字技术赋能经济发展提供广阔空间,对做强做优做大数字经济具有重要意义。

第一,协同推进数字产业化和产业数字化是夯实数字化发展基础的内在要求。习近平总书记指出,要发挥数据的基础资源作用和创新引擎作用,加快形成以创新为主要引领和支撑的数字经济。数字化发展离不开作为核心要素的数据和创新引擎的数字技术,这是决定数字化发展潜力和未来水平的关键基础。充分发挥数据生产要素和数字技术的基础支撑作用,需要同时实现数字技术的前沿性创新和数据要素的场景化应用,必须推动数字产业化和产业数字化协同发展。一方面,要利用更先进的技术充分挖掘数据,在底层硬件和软件、算法、系统与应用场景更好适配和结合的过程中促进数据的生产与使用;另一方面,要强化关键核心数字技术的支撑作用,更好以产业数字化转型为导向加强关键核心技术攻关,打通数字技术赋能实体经济的堵点和痛点。

第二,协同推进数字产业化和产业数字化是拓展数字化发展空间的客观需要。拓展数字化发展空间,对提升数字经济对国民经济的贡献率和影响力,更好促进高质量发展具有重要意义。从规模上看,由于数字技术的渗透能力和赋能效应十分显著,产业数字化在数字经济中的占比相对更大,是拓展数字化发展空间的重要阵地。但数字化转型投入大、复杂度高,再加上我国是在工业化任务尚未完成的时候迎来这场数字化浪潮的,需要完成攻关、补课、升级等多重任务。扩大数字化发展的空间,必须协同推进数字产业化和产业数字化,一方面加强农业、制造、交通、物流、金融、商贸、社会治理等领域的数字技术应用,另一方面又要降低数字化转型成本,通过更大程度地降本增效强化数字技术创新的红利释放。

第三,协同推进数字产业化和产业数字化是培育数字化发展新优势的有效途径。数字产业化是数字经济发展的根基和动力源泉,产业数字化为数字技术运用和赋能提供了广阔场景,两者的交互迭代有利于推动数字经济螺旋上升发展,也为我国培育数字化发展新优势提供了路径。一方面,尽管我国数字关键核心技术与发达经济体存在一定差距,但通过数字产业化和产业数字化的协同发展,为大规模应用加速新兴技术迭代进而追赶超越、换道超车提供了可能。近年来,我国在云计算、区块链、物联网、新一代人工智能等数字技术领域迎头赶上,关键就是在大规模应用中实现了技术加快迭代。另一方面,我国拥有庞大的中等收入群体和互联网用户群体、丰富的数字应用场景、先进的数字基础设施,为形成有竞争力的数字经济生态奠定了坚实基础。

12. 如何才能"做强做优做大"我国数字经济?

2021 年 10 月 18 日,习近平总书记在主持十九届中央政治局第三十四次集体学习时强调,不断做强做优做大我国数字经济,对推动我国数字经济健康发展提出了明确要求。

数字经济发展涉及各个方面,需要统筹好四大关系。

第一,统筹发展和安全的关系。必须将国家安全作为头等大事,在总体国家安全观指引下,统筹数字技术、数据要素、数字产业、数字化转型相关领域的发展与安全。一是进一步健全网络安全法规制度体系,完善网络安全保障工作体系和工作机制,强化网络安全防护体系,维护人民群众在网络空间的合法权益。二是加快核心数字技术攻关,推动关键产品多元化供给,着力提高产业链供应链韧性。三是强化数字经济安全风险综合研判与管控,防范各类风险叠加可能引发的经济风险、技术风险和社会稳定问题。四是在全社会营造共筑网络安全防线的良好氛围,培育网络安全人才,培养网络安全保障良性生态。

第二,统筹国内和国际的关系。坚持开放合作,互利共赢,充分发挥数字经济在畅通国民经济和产业循环、促进国内国际双循环中的重要作用,在竞争中互促共进,谋求有利发展态势。一是鼓励和扶持具有全球竞争力和影响力的大平台、大企业、前瞻性技术和应用模式发展,培育提炼具有示范作用的工具方法和解决方案。二是积极开展中国特色大国外交,构建网络空间命运共同体,加强网络空间国际交流合作。三是主动参与和推动数字经济全球化进程,积极参与数字经济全球分工体系,在技术、产业、资金、人力资源等方面不断深化国际交流与协作。

第三,统筹政府和市场的关系。以有效市场与有为政府相结合推动数字经济发展,发挥市场在资源配置中的决定性作用,更好发挥政府作用。一方面,充分激活市场机制有效作用,激发专业人才、数字资源、专利和知识等新型要素活力与潜力,鼓励新产业、新业态和新模式发展,扶持创新型中小企业和创新创业活动。另一方面,有效发挥政府在经济调节、市场监管和公共服务等方面的积极作用,超前研究和布局核心技术、关键基础设施平台、战略性新兴产业,提升公共服务效率,实现科学、有效的数字经济市场监管。

第四,统筹当前和长远的关系。从构筑国家竞争新优势的战略高度出发,着眼长远、兼顾当前,补齐短板、强化弱项,增强数字经济高质量发展内生动力和创新活力。从当前看,要加大数字经济核心技术研发投入,强化关键产品自给保障能力。发挥数据要素价值,增加优质产品和服务供给,促进数字技术与实体经济深度融合。从长远看,要健全完善数字经济治理体系,强化协同治理和监管机制,持续优化营商环境和制度环境,探索在优势领域和重大问题上率先形成"中国方案",营造可持续发展的良好生态。

做强做优做大数字经济,有八个关键着力点:一是以关键核心技术攻关实现高水平自立自强。要强化数字技术基础研发,构建开放协同创新体系,推进数字技术成果转化,把发展数字经济自主权牢牢掌握在自己手中。二是以适度超前部署新型基础设施建设夯实数字经济发展基础。要完善信息基础设施建设,全面发展融合基础设施,前瞻布局创新基础设施,打通经济社会发展的信息"大动脉"。三是以传统产业数字化转型推动提质增效。要全面深化大中小企业数字化改造升级,推进重点产业全方位、全链条数字化转型,营造数字化转型的支撑服务生态,加快培育一批"专精特新"企业和制造业单项冠军企业。四是以数字产业创新发展打造具有国际竞争力的产业体系。要推进数字产业基础高级化,加快数字产业链现代化,积极培育新业态新模式。五是以有效提升治理水平促进数字经济规范有序发展。要进一步健全数字经济治理政策法规体系,健全完善协同监管机制,充分调动社会各界积极参与,实现事前事中事后全链条全领域监管。六是以增强公共服务效能提高人民群众满意度。要推动政务信息化共建共用,加快社会服务优化升级,统筹推进智慧城市和数字乡村融合发展,形成以城带乡、共建共享的数字城乡融合发展格局。七是以数字经济国际合作推动构建网络空间命运共同体。要主动参与国际数字经济议题谈判,加快贸易数字化发展,大力发展跨境电商,务实推进数字经济交流合作,让数字经济发展成果惠及各国人民。八是以提高安全风险防范能力筑牢数字安全屏障。要增强网络安全防护能力,提升数据安全保障水平,切实有效防范各类风险。

13. 规划中提出的四条原则是基于怎样的考虑?

党的十八大以来,党中央高度重视发展数字经济,将其上升为国家战略,制定发展规划、出台鼓励政策。2015 年,"互联网+"进入政府工作报告。同年,党的十八届五中全会通过了《中共中央关于制定国民经济和社会发展第十三个五年规划的建议》,其中首次提出实施国家大数据战略和网络强国战略。2017 年政府工作报告首次出现数字经济,明确提出"推动'互联网+'发展、促进数字经济加快成长"。到 2022 年,数字经济已经五次出现在政府工作报告中。在此期间,《网络强国战略实施纲要》《数字经济发展战略纲要》等战略文件相继出台,对强化数字经济创新能力、推动产业数字化转型、打造高质量数据要素市场、促进数字经济健康发展、优化数字经济治理进行了系统布局,从国家层面部署推动数字经济发展,一些地方也制定出台了相关规划、配套政策并推动落地实施。立足我国数字经济发展阶段,遵循数字经济发展的客观规律,《"十四五"数字经济发展规划》明确需要坚持"创新引领、融合发展,应用牵引、数据赋能,公平竞争、安全有序,系统推进、协同高效"等原则,具体可以从以下角度理解。

创新引领、融合发展,解决的是动力从哪来的问题。《"十四五"数字经济发展规划》明确,数字经济发展关键需要依靠创新引领,同时创新不仅仅是技术创新,也包括融合过程中出现的各种商业模式创新。其中,数字技术的快速迭代和加速创新决定了必须坚持把创新作为引领数字经济发展的第一动力,突出科技自立自强的战略支撑作用。此外,数字技术具有向经济社会和产业发展各领域广泛深入渗透的能力,推进数字技术、应用场景和商业模式融合创新,有利于形成以技术发展促进全要素生产率提升、以技术应用带动技术进步的发展格局。

应用牵引、数据赋能,解决的是依靠哪些优势以及如何发挥优势的问题。只有找准比较优势,并将比较优势转化为竞争胜势,才能使我国数字经济具备市场竞争力,在全球竞争中脱颖而出。必须从我国比较优势出发,推动数字技术和实体经济深度融合,破解当前制约经济社会发展的关键问题。因此,要坚持以数字化发展为导向,充分发挥我国海量数据、广阔市场空间和丰富应用场景优势,充分释放数据要素价值,激活数据要素潜能,以数据流促进生产、分配、流通、消费各个环节高效贯通,推动数字技术、应用范式、商业模式和体制机制协同创新。

公平竞争、安全有序,解决的是营造何种发展环境的问题。发展得快不快、好不好,关键要看数字经济发展是否有利于经济社会提质增效。《"十四五"数字经济发展规划》明确,突出竞争政策基础地位,坚持促进发展和监管规范并重,健全完善协同监管规则制度,强化反垄断和防止资本无序扩张,推动平台经济规范健康持续发展,建立健全适应数字经济发展的市场监管、宏观调控、政策法规体系,牢牢守住安全底线。这些原则为数字经济发展划下了红线,有利于推动数字经济健康发展。

系统推进、协同高效,解决的是用什么方式和手段的问题。推动数字经济发展的方式直接决定了数字经济发展的质量和成效。数字经济具有高创新性、强渗透性、广覆盖性等特征,是一种全新的经济形态,需要在推动方式上加强创新。为此,《"十四五"数字经济发展规划》指出,充分发挥市场在资源配置中的决定性作用,构建经济社会各主体多元参与、协同联动的数字经济发展新机制。结合我国产业结构和资源禀赋,发挥比较优势,系统谋划、务实推进,更好发挥政府在数字经济发展中的作用。

14. "十四五"数字经济发展主要指标分别具有怎样的含义? 为什么设置以上指标?

实现数字经济发展目标,需要社会各界的共同努力。"十四五"时期,我国数字经济转向深化应用、规范发展、普惠共享的新阶段。《"十四五"数字经济发展规划》共设置了 8 项主要指标,全部为预期性指标,对于在宏观层面衡量数字经济发展水平、质量、潜力和成效,引导发展重点具有十分重要的意义。其中,IPv6 活跃用户数、千兆宽带用户数主要用于衡量数字基础设施水平,数字经济核心产业增加值占 GDP 比重、软件和信息技术服务业规模主要用于衡量数字产业化水平,工业互联网平台应用普及率、全国网上零售额和电子商务交易规模主要用于衡量产业数字化水平,在线政务服务实名用户规模则主要用于衡量公共服务数字化水平。

(1)衡量数字基础设施发展水平的主要指标

IPv6活跃用户数(亿户)。IPv6活跃用户数是反映我国IPv6发展的基础设施、网络性能、服务能力、应用水平的指标。IPv6能够提供海量的网络地址资源,是实现万物互联,促进生产生活数字化、网络化、智能化发展的关键要素,对促进互联网与实体经济深度融合、支撑经济高质量发展、提升国家网络空间综合竞争力、加快网络强国建设具有重要意义。我国一直高度重视IPv6发展,2017年11月中共中央办公厅、国务院办公厅印发《推进互联网协议第六版(IPv6)规模部署行动计划》,明确了我国IPv6发展的总体目标、路线图、时间表和重点任务。"十三五"期间IPv6规模部署取得明显成效,固定宽带和移动LTE网络IPv6升级改造全面完成,2020年底IPv6活跃用户数达4.62亿户①,基本符合行动计划提出的2025年实现8亿用户预期,我国IPv6规模部署工作正在稳步推进。

千兆宽带用户数(万户)。千兆宽带用户数是反映千兆光网用户普及情况的指标。作为新型基础设施的重要组成部分,千兆光网是制造强国和网络强国建设不可或缺的数字基础设施,在拉动有效投资、促进信息消费和助力制造业数字化转型等方面发挥着重要的作用。2020年底,我国100M速率以上固定宽带用户占比89.9%②;2021年7月末,1000M速率以上固定宽带用户占比3.1%,用户对高速宽带具有强烈需求。"十四五"期间随着千兆光网的持续完善和资费的继续降低,预计千兆宽带用户数量将快速增长。结合有关政策文件提出的2023年3000万户的目标,预期千兆宽带用户数在"十四五"前三年将达到70%左右的年均增速,后两年按40%左右保持,到2025年用户可

---

① 国家互联网信息办公室:《数字中国发展报告(2020年)》。
② 工业和信息化部:《2020年通信业统计公报》。

达 6000 万户。

（2）衡量数字产业化发展水平的主要指标

数字经济核心产业增加值占 GDP 比重（%）。数字经济核心产业增加值占 GDP 比重是反映数字经济核心竞争力的重要指标，2020 年我国数字经济核心产业增加值占 GDP 比重为 7.8%，已成为国民经济的重要组成部分。预计到 2025 年数字经济核心产业增加值占 GDP 比重可达 10%。

软件和信息技术服务业规模（万亿元）。软件和信息技术服务业是数字经济核心产业的重要组成部分。"十三五"期间，我国软件和信息技术服务业务收入从 2015 年的 4.28 万亿元增至 2020 年的 8.16 万亿元[①]，年均增速达 13.8%，占信息产业比重从 2015 年的 28% 增至 2020 年的 40%，体现了较高增长态势。结合"十三五"期间该行业年均 13.8% 的增速，以及"十四五"时期我国从高速增长转向高质量增长的特征，预计到 2025 年，规模以上企业软件业务收入将实现突破 14 万亿元的预期目标。

（3）衡量产业数字化发展水平的主要指标

工业互联网平台应用普及率（%）。工业互联网平台应用普及率是反映数字基础设施赋能支持工业数字化转型的重要指标。工业互联网平台是支撑工业化和信息化两化融合发展的重要基础，也是全球主要国家的战略布局要点以及当前我国两化深度融合推进的重点、难点和关键点。通过对工业互联网平台应用普及率的监测统计，可以直观反映制造业生产方式和企业形态变革的进程，从设备上云、业务上云、工业 APP 应用与创新、"边云协同"等方面，综合评价制造业数字化、网络化、智能化发展水平。根据 2020 年底我国工业互联网应用普及率 14.7%[②]的现状，按照"十三五"时期我国工业互联网市场规模 25% 的复合增长率推算，预计到 2025 年普及率能够达到

---

① 工业和信息化部：《2020 年软件和信息技术服务业统计公报》。
② 国家工业信息安全发展研究中心：《工业互联网平台应用数据地图》报告。

45%左右。

全国网上零售额(万亿元)。全国网上零售额是衡量电子商务发展水平的重要指标。电子商务对畅通国内大循环、促进国内国际双循环具有重要作用。"十三五"期间,我国电子商务规模质量实现双提升,成为提升人民生活品质和推动经济社会发展的重要力量。"十三五"时期我国网上零售额年均增速高达21.7%,随着我国网民规模和网络购物用户规模增量见顶,按照年均7.5%的增速设置"十四五"预期目标,预计到2025年全国网上零售额将达到17万亿元。

电子商务交易规模(万亿元)。"十三五"时期我国电子商务交易规模年均增速达到11.3%[1],综合各方面因素,按照年均4.5%的增速设置"十四五"预期目标,预计到2025年全国电子商务交易规模将达到46万亿元。

(4)衡量公共服务数字化发展水平的主要指标

在线政务服务实名用户规模(亿)。在线政务服务实名用户规模指标可较好地反映数字化公共服务覆盖情况。近年来我国"互联网+政务服务"建设取得显著成效,2020年全国一体化政务服务平台基本建成,已联通31个省(自治区、直辖市)及新疆生产建设兵团和46个国务院部门,实名用户已超过4亿人。[2] 预计到2025年翻一番达到8亿实名用户的预期目标,体现了数字化公共服务普惠均等化的发展导向。

---

[1] 根据"十三五"期间70.8%的总体增长率折算。
[2] 国家互联网信息办公室:《数字中国发展报告(2020年)》。

四、优化升级数字基础设施

15. 如何认识数字基础设施？

近年来,数字经济迅猛发展,已成为国民经济的重要组成部分,同时也是重组要素资源、重塑经济结构和重构发展模式的关键力量。数字基础设施是数字经济发展的重要基石和关键支撑,是以信息网络为基础,以数据要素为核心,综合集成新一代信息技术,为社会提供感知、连接、存储、计算、处理、安全等数字基础能力的设施体系。伴随着技术变革和产业变革,数字基础设施的内涵、外延还将发生变化。

当前,全球新一轮科技革命和产业变革加速推进,数字基础设施的支撑作用日益凸显,不断赋能经济高质量发展。

第一,数字基础设施是新产品新业态的发展沃土。数字基础设施不仅以其投资带动现有上下游相关产业增长,还可通过孵化新产品新模式新业态来刺激新的需求增长,从而起到以基建投资撬动经济增长、"一业带百业"的作用。一方面,5G、云计算、车联网等数字基础设施的发展,有助于在家庭居住、个人穿戴、交通出行、医疗健康、文化教育等领域创造出海量的新型智能网联产品和新兴服务业态,推动居民消费不断升级,创造强大的需求动力。另一方面,5G、工业互联网、城市大脑等数字基础设施在垂直行业和城市管理等领域的深化应用,推动生产方式、组织形式、创新范式和商业模式深刻变革,催生出网络化协同、规模化定制、服务化延伸等新业态新模式,带动共享经济、平台经济等以更快速度,在更大范围、更深层面拓展,促进新经济新动能蓬勃发展。

第二,数字基础设施是产业数字化转型的基石。数字化、网络化、智能化是传统产业转型升级的关键方向。我国正处于数字经济发展起步阶段,传统产业数字化转型门槛较高。数字基础设施将有助于降低企业应用数字技术的成本,帮助企业构建数据驱动的创新体系和新型生产范式,为提升传统产业生产效率、推动产业结构升级乃至经济高质量发展开辟新路径、提供新手段。例如,云计算设施能够以动态按需方式即时为企业提供 ICT 资源,极大地降低企业 ICT 资源购置和开发成本,通过驱动数据的循环流动、广泛汇聚与深度挖掘,促进产业体系全局优化,对实体经济高质量发展形成有力支撑。

第三,数字基础设施是提升科技创新能力的重要引擎。数字基础设施建设为提升我国产业基础软硬件支撑能力带来重要契机。一方面,数字基础设施的大规模建设将有助于提升我国基础产业能力。数字基础设施建设将为我国高科技产品提供广阔的国内市场,带动国内核心芯片、关键元器件、基础软件等产品加快成熟,有助于弥补一批产业链薄弱环节,推动我国高技术产业升级发展。另一方面,数字基础设施建设还将为人工智能、区块链、数字孪生、车联网等一系列前沿数字技术的创新发展提供试验场,推动其技术标准体系和开源生态的建设,加速高科技产业链和产业生态的培育。

第四,数字基础设施是提高公共服务和治理水平的有效手段。数字基础设施对满足人民群众日益增长的美好生活需要、推进国家治理体系和治理能力现代化具有重要作用。加快数字基础设施建设,可以推动远程医疗、在线教育、智慧养老等数字公共服务快速发展,提高公共服务供给数量和质量,创新公共服务供给模式。同时,数字基础设施也将推动智慧交通、智能电网、智慧水务等发展,使传统基础设施更智能、更高效。此外,推进数字基础设施建设,可以将感知触角广泛延伸、深度下沉,动态把握万物状态,让数据"出谋划策",形成科学化、精细化、智能化的治理能力。

第五,数字基础设施是拉动有效投资的重要方向。经济社会数字化转型是大势所趋,新冠肺炎疫情使得这一进程进一步加快。加快数字基础设施建设,有助于适应常态化疫情防控下释放的数字化消费和投资需求,扩大有效投资、稳定经济增长。加快数字基础设施建设,能够带动各行业加大 ICT 和相关设施投入。根据中国信通院测算,预计"十四五"期间,数字基础设施投资总体规模将超过 10.5 万亿元。

各地方、各部门加快推动数字基础设施建设,我国数字基础设施建设取得显著成效。

第一,信息网络基础设施持续升级。我国已建成全球规模最大、技术先进的光纤宽带网络和移动通信网络,在此基础上,顺应经济社会发展需求,信息网络基础设施持续向更高水平升级。截至 2021 年底,我国累计建成 5G 基站 142.5 万个,基站数量占全球 60% 以上,覆盖所有地级市城区、超过 98% 县城城区和 80% 的乡镇镇区,5G 用户数达到 3.55 亿户。截至 2021 年底,全国有超过 300 个城市启动千兆光纤宽带网络建设,超过 3 亿户家庭接入能力从百兆升级至千兆,全年互联网宽带接入投资比上年增长 40%;固定宽带和 4G 网络的互联网协议第六版(IPv6)升级改造全面完成;国家级互联网骨干直联点数量增至 15 个,开展首批 3 个新型互联网交换中心试点;国际通信网络通达和服务能力持续增强。

第二,算力基础设施建设快速推进。数据中心规模持续快速增长,并向规模化、大型化方向发展。按照标准机架 2.5 千瓦统计,截至 2021 年底,我国在用数据中心机架总规模约为 520 万架,近 5 年年均复合增速超过 30%;

其中大型以上数据中心机架规模达到 420 万架,占比超 80%;我国数据中心规模占全球的比例由 2017 年的 10.2% 提升至 2021 年的 27%。云计算设施快速发展,云计算市场规模由 2012 年的 66 亿元增长至 2021 年的 3030 亿元,年平均增长率超过 46%。超级计算能力位居国际前列,一批专用于人工智能的高性能开放算力平台、智能计算中心等设施正在逐步形成。

第三,融合基础设施建设初见成效。传统基础设施智能化数字化进程逐步加速,带动经济转型升级、保障改善民生能力大幅提升。工业互联网快速发展,网络、平台、安全三大体系初步成形。工业互联网高质量外网覆盖 300 个城市、连接 18 万家工业企业,时间敏感网络(TSN)、5G 等新型网络技术推动企业内网的改造力度不断加大。工业互联网标识解析实现了从 0 到 1 的跨越,五大顶级节点建成并稳定运行,标识注册量突破 600 亿。智慧医院快速普及,全国已有超过 600 个三甲医院开展 5G+急诊急救、远程诊断、健康管理等应用。智慧城市加快建设,我国开展智慧城市、信息消费、宽带中国、信息惠民等试点的城市近 600 个。

《"十四五"数字经济发展规划》将"优化升级数字基础设施"作为重要任务。进一步推进我国数字基础设施建设,主要从以下三个方面展开。一是持续推进现有数字基础设施的演进升级。持续推进数字基础设施向高速泛在、天地一体、智能敏捷、绿色低碳、安全可靠方向发展。持续推进骨干网扩容,协同推进千兆光纤网络和 5G 网络基础设施建设。积极稳妥推进空间信息基础设施演进升级,加快布局卫星通信网络等,推动卫星互联网建设。提高物联网在各领域的覆盖水平。二是加快构建云网协同和算网融合的算力基础设施体系。加快实施"东数西算"工程,推进云网协同发展,提升数据中心跨网络、跨地域数据交互能力,加强面向特定场景的边缘计算能力,强化算力统筹和智能调度。三是顺应经济社会发展需求推进基础设施智能化升级。结合经济社会各领域数字化转型需求,稳步构建智能高效的融合基础设施。高效布局人工智能基础设施,提升支撑"智能+"发展的行业赋能能力。推动农林牧渔业基础设施和生产装备智能化改造,建设可靠、灵活、安全的工业互联网基础设施,加快推进能源、交通运输、水利、物流、环保等领域基础设施数字化改造。推动新型城市基础设施建设,构建先进普惠、智能协作的生活服务数字化融合设施。

16. 如何理解积极稳妥推进空间信息基础设施演进升级?

《"十四五"数字经济发展规划》提出,要"积极稳妥推进空间信息基础设施演进升级,加快布局卫星通信网络等,推动卫星互联网建设",并在"信息网络基础设施优化升级工程"专栏中进一步明确,加速空间信息基础设施升级,就是要"提升卫星通信、卫星遥感、卫星导航定位系统的支撑能力,构建全球覆盖、高效运行的通信、遥感、导航空间基础设施体系"。

> 🔗 **知识链接**
>
> **空间信息基础设施**
>
> 空间信息基础设施是指利用各类人造地球卫星等空间资源,提供通信广播、导航定位、遥感遥测等服务的天地一体化信息基础设施(见图2)。由空间系统和地面系统两大部分组成,两者通过互联结合共同提供空间信息服务。
>
> 空间系统即人造地球卫星,可以环绕地球稳定飞行,为各类空间信息的采集、处理、传送提供基础。承担空间信息基础设施的卫

星主要分为三类:第一类是通信广播卫星,包括固定通信广播和移动通信广播卫星等;第二类是导航定位卫星,如北斗、GPS等;第三类是遥感遥测卫星,包括陆地观测卫星、海洋观测卫星、大气观测卫星等。

地面系统是连接卫星与空间信息基础设施使用者之间的纽带,由于人造地球卫星距离地球很远,需要采用支持天地连接和协同工作的专用系统。根据承担功能的不同,地面系统包括负责监控管理卫星运行的测控站、提供高速率信息交互通道的信关站、承担广播电视节目发射的上行站、提升定位精确度的卫星导航地基增强系统等。

广义的空间信息基础设施还包括承担空间信息处理和应用的数据中心、共享网络平台和共性应用支撑平台等。

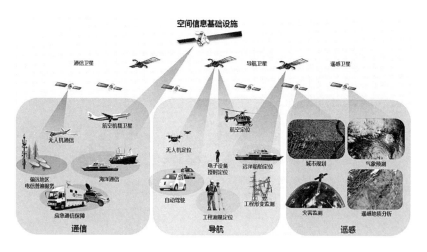

图2　空间信息基础设施示意图

注:作者根据公开资料绘制本图。

　　空间信息基础设施是数字和信息在全球泛在流通的基础,是信息化、智能化和现代化社会的战略性基础设施,在保持经济社会稳定运行、维护人民群众生产生活秩序、保障国家安全等方面发挥了重要作用。

　　积极稳妥推进空间信息基础设施演进升级,建设自主开放、安全可靠、长期连续稳定运行的空间基础设施,对我国现代化建设具有重大战略意义。

　　第一,空间信息基础设施是促进经济社会发展的有力支撑。持续稳定运行的空间信息基础设施,能够有力支撑能源资源开发、粮食安全、海洋权益维护、应对全球气候变化等国家重大战略实施,服务国土资源、防灾减灾、环境保护、农林水利、交通运输等国民经济重要领域的精细化应用。空间信息基础设施的发展,有助于更好地满足文化、教育、医疗等民生领域对高品质信息服务的迫切需求,有效弥合不同群体间数字鸿沟。

　　第二,空间信息基础设施信息是促进各领域深化应用的有效保障。当前我国空间数字信息相关应用蓬勃发展,对基础设施的能力需求大幅提升。国土、海洋、气象、水利等领域要求卫星遥感观测进一步多样化、精细化、高时效性,通信、广电、交通、应急救灾等领域要求卫星通信广播进一步广覆盖、大容量、高安全,公共安全、交通运输、防灾减灾、测绘勘探等领域要求卫星导航应用提供更高精度、更多融合的创新服务。加强空间信息基础设施建设,全面提升基础服务能力,可进一步为各行各业升级赋能,打造新的数字经济增长点。

　　第三,空间信息基础设施是顺应未来发展趋势的内在要求。经过多年建设,我国已基本建成完整配套的航天工业体系,卫星研制与发射能力步入世界先进行列,卫星应用成为国家创新管理、保护资源环境、提升减灾能力、提供普遍信息服务以及培育新兴产业不可或缺的手段。

　　目前,我国空间信息基础设施已进入体系化发展和全球化服务的新阶段。在通信广播方面,我国现有的中星、亚太和亚洲系列地球静止轨道卫星进一步向高通量、智能化演进,同时可覆盖全球的低轨卫星星座已启动部署,未来将通过高中低轨卫星协同方式,逐步打造全球覆盖、天地一体的宽带多媒体卫星互联网。在定位授时方面,我国北斗系统加速发展,北斗三号已投入使用,具备全球导航和授时的规模应用能力,并提供独有的短报文通信功能,为国防事业和国民经济提供更安全、更可靠的保障。在遥感遥测方面,我国已形成陆地观测、海洋观测、大气观测三大卫星系列,随着地球整体观测和多星组网观测系统不断发展,卫星能力和规模持续增强,已经进入立体、多维、高中低分辨率结合的全球综合观测时代。

为进一步加强空间信息基础设施建设,推动应用落地,需着力推动以下工作。一是构筑天地一体信息网。加强卫星通信顶层设计和统筹布局,积极参与卫星通信国际标准制定,推动高轨卫星与中低轨卫星协调发展,推进卫星通信系统与地面信息通信系统深度融合,初步形成覆盖全球、天地一体的信息网络,为陆海空天各类用户提供全球信息网络服务。二是打造空天信息网枢纽。基于北斗系统、卫星通信网络和遥感卫星加快建设空天信息网络,加快北斗智能终端部署,强化沙漠、草原、湿地、河湖、森林、耕地等关键生态节点的遥感监测和应急保障服务能力。三是推动空间信息综合应用。促进北斗卫星导航系统在信息通信领域规模化应用,在航空、航海、公共安全和应急、交通能源等领域推广应用。四是开展地表低空感知网络工程示范。发展云端一体化的,具有精准定位、智能识别、多维感知功能的无人机、摄像头、智能终端设备,提升对地表资源、环境、生态、自然灾害、工程建设、城市发展等要素进行全时全域感知监测能力,形成产业化应用。推动智能交通应用,发展面向机载、船载、车载的新型网络通信服务,培育空中、远洋、高山荒漠等环境下的应用。

17. 为什么要推进云网协同和算网融合发展？

《"十四五"数字经济发展规划》提出,推进云网协同和算网融合发展。加快构建算力、算法、数据、应用资源协同的全国一体化大数据中心体系。加快实施"东数西算"工程,推进云网协同发展,提升数据中心跨网络、跨地域数据交互能力,加强面向特定场景的边缘计算能力,强化算力统筹和智能调度。

随着数据量的爆发式增长,算法日益复杂,数据处理需求呈现指数级增长,需要通过云计算把大量算力、存储等资源集合起来,并通过网络实现数据的快速传递和访问。通过云网协同的云上算力服务,用户可以像使用水、电、煤气一样方便、快捷地使用算力服务,按需使用和付费。算力与网络已成为全社会数字化转型的基石,直接影响数字经济的发展速度,直接决定社会智能的发展高度。

第一,数字化应用场景增多促进算网融合发展。近年来,随着自动驾驶、生物识别、智能医疗、智能制造等算力场景不断涌现,数字化不断融入各个领域,带来了海量应用数据,也形成了与日俱增的算力处理需求。计算场景的多元化、泛在化需要更高效的算力链接,"计算+网络"融合发展成为未来数字时代新趋势,而算网融合是协同"计算+网络"全面发展的重要手段。

第二,我国科技产业布局加速算网融合趋势。算力提升一直是世界各国科技产业布局的重要方向,而算力提升需要从算力资源到算力系统布局基础性、系统性的算力设施。我国高度重视算力发展,在需求与政策的双重驱动下,算力水平加速提升,算力规模保持高速增长的态势。根据中国信通院等机构的调研数据,2020年全球算力总规模达到429EFlops(每秒一万三千亿亿次浮点运算),同比增长39%;中国算力总规模为135EFlops,与美国、欧洲同处第一梯队。

第三,信息通信网络智能化离不开网络化算力构建。信息通信网络已经步入了云网深度协同发展的新阶段,积极打造算力网络,促进网络算力提升,不仅符合网络服务创新发展的根本需求,还可以带动网络技术朝全面智能化的方向演进。随着物联网、边缘计算的繁荣发展,海量终端接入网络,算力逐渐向边缘侧和端侧延伸,边缘算力逐渐丰富,整体结构呈现"云边端"三级架构,具备云计算能力超集中、边端计算能力超分布的特征。

第四,国家政策的支持引导加快算网融合进程。在集中枢纽层面,国家发展改革委、中央网信办、工业和信息化部、国家能源局联合批复全国一体化大数据中心八大枢纽,优化数据中心建设布局,推动算力、算法、数据、应用资源集约化和服务化创新。在边缘计算层面,工业和信息化部、国家发展改革委联合印发《关于促进云网融合　加快中小城市信息基础设施建设的通知》,推动城区常住人口100万以下的中小城市(含地级市、县城和特大镇)组织实施云网强基行动。

通过网络连接分布化、泛在化算力实现云网协同、算网融合,才能真正促进数字生态的发展及繁荣。以网强算,通过网络系统化优势改变算力单点薄弱现状。以算促网,通过算力调度的高需求促进网络超宽带高智能发展。两者有机衔接具有重要作用。一是可有效促进算力效能提升。云网协同、算网融合,可突破单点算力的性能极限,发挥算力的集群优势,提升算力的规模效能。二是可优化算力资源调度的方式。通过云网协同、算网融合,实现对算力及网络资源的全局智能调度和优化,有效促进算力在云端、边缘的"流动",满足业务对算力和网络随需使用的需求。三是可极大促进网络创新发展。伴随着个人应用、行业应用对网络在端到端带宽、质量方面的进一步要求,网络需要和算力协同,进一步提高端到端确定性保障,网络协议也需同步创新发展。

18. 如何理解实施"东数西算"工程？

"东数西算"中的"数"指数据，"算"为算力，即处理数据的能力。"东数西算"是通过构建数据中心、云计算、大数据一体化的新型算力网络体系，将东部数据对算力的需求有序引导到西部，优化数据中心建设布局，促进东西部算力高效互补和协同联动，推动全国数据中心适度集聚、集约发展，提升整体算力规模和效率，带动数据中心相关上下游产业发展，为数字经济发展赋能。

实施"东数西算"工程具有重要的意义。一是有利于提升国家整体算力水平。通过全国一体化的数据中心布局建设，扩大算力设施规模，提高算力使用效率，实现全国算力的规模化和集约化。二是有利于发展绿色低碳经济。通过"东数西算"工程的推进，有效引导数据中心在西部布局，提升绿色能源在数据中心的使用比例，就近消纳西部绿色能源，持续优化数据中心能源利用效率，推动绿色低碳经济的发展。三是有利于扩大有效投资。数据中心产业链条长、投资规模大，带动效应强。通过算力枢纽和数据中心集群建设，将有力带动产业上下游投资。四是有利于促进区域协调发展。通过算力设施由东向西布局，带动相关产业有效转移，促进东西部数据流通、价值传递，延展东部发展空间，加快西部地区产业转型升级步伐。

为完善整体布局和规划，2020 年 12 月，国家发展改革委、中央网信办、工业和信息化部、国家能源局联合印发《关于加快构建全国一体化大数据中心协同创新体系的指导意见》（以下简称《指导意见》），明确了全国一体化大数据中心建设的整体思路、体系构成、基本要求与发展方向，为后续"东数西算"建设提供了初步的政策引导。2021 年 5 月 24 日，国家发展改革委、中央网信办、工业和信息化部、国家能源局联合印发《全国一体化大数据中心协同创新体系算力枢纽实施方案》（以下简称《实施方案》），首次提出"东数西算"工程,初步规划全国一体化算力网络的枢纽节点,尝试引导东部数据中心建设集约化发展、西部数据中心建设跨越式发展,实现"东西部联动"。《实施方案》相对《指导意见》,明确了"东数西算"的架构设计方案。2022 年 2 月 17 日,国家发展改革委、中央网信办、工业和信息化部、国家能源局联合印发通知,同意在京津冀、长三角、粤港澳大湾区、成渝、内蒙古、贵州、甘肃、宁夏等 8 地启动建设国家算力枢纽节点,并规划了 10 个国家数据中心集群,至此,"东数西算"工程正式启动。

为加快推进"东数西算"工程,需要科学研判推进"东数西算"工程面临的诸多重点任务,积极应对挑战、精准施策。一是进一步推进算力基础设施一体化建设。算力是数字经济的核心生产力,算力网络是以"算"为中心、以"网"为根基,提供一体化服务的新型基础设施。基于我国算力规模快速增长现状,加快推进算力基础设施一体化建设,有利于进一步提升算力供给与调度的统筹能力,构建新型算力网络格局和统一体系。二是着重提升西部地区产业承载能力。西部地区数字经济发展水平与东部地区仍然存在较大差距,由于高素质人才、先进技术以及资本要素的匮乏,西部地区整体产业化水平仍处在较低的水平。解决西部地区产业承载力困境,有助于加速"东数西算"工程的落地,助力西部地区实现产业转型和经济结构升级。三是全面保障数据传输安全性。"东数西算"工程横跨我国东西部,跨度大、距离长,且承接的数据量巨大、潜在价值高。数据传输的安全性是"东数西算"工程的重要保障,提升大量数据的长距离传输的安全性,降低数据泄露、被窃取、被非法篡改的风险,是"东数西算"工程的重要实施保障。

19. 如何理解推动智能计算中心有序发展?

《"十四五"数字经济发展规划》提出,要推动智能计算中心有序发展,打造智能算力、通用算法和开发平台一体化的新型智能基础设施,面向政务服务、智慧城市、智能制造、自动驾驶、语言智能等重点新兴领域,提供体系化的人工智能服务。智能计算中心指基于 GPU、FPGA 等芯片构建智能计算服务器集群,提供智能算力的基础设施,主要应用于多模态数据挖掘、智能化业务高性能计算、海量数据分布式存储调度、人工智能模型开发、模型训练和推理服务等场景。智能计算中心具有以下特征:一是智能计算中心是重要的算力公共基础设施。智能计算中心面向政府、企业及科研机构等多用户群体提供共性的算力、数据及算法服务,让算力服务更为便捷,使得智能计算像水电一样能成为基本公共服务。二是智能计算中心的计算架构技术领先、生态成熟。智能计算中心基于人工智能模型提供高强度的数据处理、智能计算能力,采用先进的人工智能芯片,集成先进的智能软件系统和智能计算编程框架,形成技术领先、可持续发展的高性能、高可靠计算架构。三是智能计算中心是数据、算力和算法的融合平台。智能计算中心以融合架构计算系统为平台,以数据为资源,以强大算力驱动人工智能模型对数据进行深度加工,使数据、算力、算法三个基本要素成为一个有机整体。

当前,人工智能作为新一轮科技革命和产业变革的重要驱动力量,已纳入到国家与各地的"十四五"产业发展规划中。习近平总书记在十九届中央政治局第九次集体学习时指出,人工智能是引领这一轮科技革命和产业变革的战略性技术,具有溢出带动性很强的"头雁"效应。智能计算中心与传统数据中心相比,具有高技术、高算力、高能效等特征,是我国新型智能算力生态体系的重要组成部分,已成为支撑经济社会发展的重要基础设施,在我国数字经济发展中扮演越来越重要的角色。智能计算中心的作用主要体现在以下三个方面:一是能加速人工智能产业创新发展。智能计算中心作为人工智能软硬件技术的一体化融合载体,将为人工智能产业的发展提供大规模数据处理和高性能智能计算支撑,加速图像识别、自然语言处理、大规模知识图谱等技术的研发、测试和应用部署进程。智能计算中心的构建有利于推动形成"平台+应用+人才"三位一体的新型人工智能产业发展模式,加速人工智能全产业链发展。二是能加速企业智能化应用和实体经济发展。有智能计算需求的企业可以根据需要依托智能计算中心提供的人工智能模型库、人工智能算力调度平台等自动生成适用于实际需要的业务系统模型,有效降低企业模型训练等成本,加快人工智能技术的应用渗透。同时,智能计算中心通过提供算力基础设施及通用软件服务,联动产业链上下游,为企业提供完整的人工智能服务链,帮助实现人工智能供给和需求的高效对接,促进实体产业高质量、智能化发展,加快产业发展模式和业态创新。三是能满足算力普惠的迫切需求。相关数据显示,当前人工智能全行业整体渗透率不到10%,而且因为缺乏低成本持续获取算力的研发条件,人工智能初创企业的存活率往往比较低,直接影响创新效率和成果。因此,要突破人工智能发展瓶颈实现算力普惠,亟须构建类似智能计算中心这样普惠、集约、开放、融合全栈技术的产业平台。

当前,全国各地大力推进算力基础设施建设,智能计算中心逐渐在南京、武汉等城市落地。但总体而言,我国智能计算中心发展面临算力算效不足、能源利用不充分、技术水平不高、标准体系不统一等问题,迫切需要加强引导、合理规划,推动智能计算中心有序发展。一是坚持科学求实、合理布局,稳步推进智能计算中心建设。2020年12月,国家发展改革委联合多部门发布《关于加快构建全国一体化大数据中心协同创新体系的指导意见》,提出构建全国一体化大数据中心体系,强化算力统筹智能调度。智能计算中心的建设需要综合考虑地理位置、气候、电价等因素,并紧密衔接本区域或本地规划,营造人工智能转型发展良好生态。同时,需要加快推进智能计算中心标准化建设,确保有序发展。二是坚持需求导向、适度超前,科学推进智能计算中心建设。智能计算中心建设、运营等投入资金较大,需要考察本地的智慧城市建设、数字经济发展等对人工智能算力设施的实际应用需求,并结合地方财力作出合理评估。要避免盲目跟风、一哄而上,造成资源浪费。同时,智能计算中心作为城市级公共算力平台,要满足区域内各类用户的算力需求,起步规模不宜过小,可根据实际需求进行适度的超前部署,否则难以满足未来产业发展、社会治理等算力需求增长,也不足以发挥集约共享的规模效益。三是坚持科技创新、绿色发展,持续推动智能计算中心建设。需加快智能计算中心核心技术和应用技术协同攻关,构建安全可靠、集约高效的智能计算中心。此外,根据国家发展改革委、工业和信息化部等部门发布的《关于严格能效约束推动重点领域节能降碳的若干意见》,将"加强数据中心绿色高质量发展"作为重点任务,提出"新建大型、超大型数据中心电能利用效率不超过 1.3。到 2025 年,数据中心电能利用效率普遍不超过 1.5"。智能计算中心需充分运用节能技术、绿色能源技术,提升能源利用效率,降低能耗,实现低碳可持续发展。

20. 如何理解有序推进基础设施智能升级?

习近平总书记在十九届中央政治局第九次集体学习时强调,要"推动智能化信息基础设施建设,提升传统基础设施智能化水平,形成适应智能经济、智能社会需要的基础设施体系"。《"十四五"数字经济发展规划》提出"有序推进基础设施智能升级",要求在传统基础设施的基础上,利用 5G、大数据、人工智能等新一代信息技术,提升基础设施网络化、智能化、服务化、协同化水平,建设形成智能高效的融合基础设施。

有序推进基础设施智能升级,就是要结合不同行业特点,有针对性地应用信息技术对传统基础设施进行改造和优化,使其更好地发挥经济效益、业务效益。

第一,推动农林牧渔业基础设施和生产装备智能化改造,建设可靠、灵活、安全的数字基础设施。要培育智能计算中心、人工智能开放创新平台等人工智能基础设施,提升支撑"智能+"发展的行业赋能能力。升级农业信息基础设施,完善信息终端和服务供给,着力发展智慧农机、智慧灌溉、智慧渔业、智慧种业、智慧畜牧,构筑系统完备的智慧农业农村设施体系,培育一批网络化、智能化、精细化的现代"种养加"一体化生态农业新模式。建设高可靠、广覆盖、大带宽、可定制的工业互联网网络,促进各类工业设施的有效互联,有力支撑智能生产、供应链管理、智能产品全生命周期管理等应用,实现对工业企业的提质、降本、减排、增效。

第二,加快推进能源、交通运输、水利、物流、环保等领域基础设施数字化改造。在能源领域,要构建智能化的能源运行监测体系,实现能源供需信息的实时匹配和智能化响应,构筑更加智能、稳健、高效的能源监测和调度系统,助力"碳达峰、碳中和"目标实现。在交通和物流领域,要推动大数据、互联网、人工智能、区块链等新技术与交通行业深度融合,使人享其行、物畅其流,同时强化车路协同设施布局,加强绿色基础设施建设,让交通更加环保、出行更加低碳。在水利领域,要推进水利设施智慧化改造和联合调度,提升应对不确定条件下自然风险应对能力。在环保领域,要提升对重要环境要素资源监测预警、预测预报和远程控制能力。在市政公用设施领域,要通过对管网管线等设施的智能化改造,大幅提升城市精细化管理与服务水平。在建筑领域,集成应用新一代信息技术打造现代化、绿色化、智能化新型建筑。

第三,加快构建先进普惠、智能协作的生活服务数字化融合设施。加强信息化设施布局和信息技术应用,推动社区智能系统、智慧家居、智慧服务生活圈、智慧导览、智能导流等建设,提升人民群众生活服务品质和幸福感满足感。发挥政府和企业合力,加快进行基础设施适老化改造,丰富适老化数字设施和产品服务。加快信息化与无障碍环境的深度融合,加快政府政务、公共服务、电子商务等信息无障碍建设,加快普及互联网网站、移动互联网应用程序和自助公共服务设备无障碍建设,支持研发生产科技水平高、性价比优的信息无障碍终端产品。加快推动大数据、人工智能、物联网等技术在残疾人出行、居家生活、就业创业等领域的应用,方便残疾人获取信息和服务,充分参与社会生活。

推动基础设施智能升级,要以整体优化、协同融合为导向,统筹存量和增量、传统和新型基础设施发展,注重集约高效、经济适用、智能绿色、安全可靠。要强化全局统筹共建机制,从顶层设计入手,健全宏观管理部门和各基础设施分管部门的协调机制。要对传统基础设施充分利用,避免另起炉灶,在云网端一体、新旧基础设施互补的新平台上,通过优化社会资源流动速度和配置模式提升全要素生产率。要结合实际,分步推进,充分利用好有限资源,重点"补短板",在使用中不断推进迭代式升级。各级政府要创新投融资模式,加大对城市公共基础设施智能升级的投入力度,并积极探索市场化运营模式,撬动更多社会资本参与。

21. 如何理解推动 IPv6 规模部署应用?

IPv6 的全称是 Internet Protocol version 6。其中 Internet Protocol 译为"互联网协议",协议是网络进行运作的规则和标准,IP 协议的主要任务是根据源主机和目的主机的地址,进行数据的传送,就像寄信要有门牌地址一样,终端、设备要联网就要有 IP 地址。IPv4 和 IPv6 是目前使用的两种互联网协议版本,IPv6 即互联网协议第 6 版。IPv4 的 IP 地址数是 2 的 32 次方约 43 亿个,且一半左右的地址分配在美国,目前我国 IPv4 已基本消耗殆尽。相比 IPv4,IPv6 的 IP 地址数是 2 的 128 次方,地址空间巨大,甚至可以为地球上的每一粒沙子提供一个 IP 地址。

加快推进 IPv6 规模部署,构建高速率、广普及、全覆盖、智能化的下一代互联网,是加快网络强国建设、助力经济社会发展、赢得未来国际竞争新优势的紧迫要求。基于 IPv4 的全球互联网面临网络地址消耗殆尽、服务质量难以保证等制约性问题,IPv6能够提供充足的网络地址和广阔的创新空间,是全球公认的下一代互联网商业应用解决方案。推进IPv6规模部署是互联网技术产业生态的一次全面升级,深刻影响着网络信息技术、产业、应用的创新和变革。大力发展基于IPv6的下一代互联网,有助于提升我国网络信息技术自主创新能力和产业高端发展水平,高效支撑云计算、大数据、人工智能等新兴领域快速发展,不断催生新技术新业态,促进网络应用进一步繁荣,打造先进开放的下一代互联网技术产业生态。

当前,我国IPv6用户和网络规模位居世界前列。截至2021年底,我国IPv6活跃用户数达6.08亿,占网民总数的60.11%。物联网IPv6连接数达1.4亿,移动网络IPv6流量占比达35.15%,固定网络IPv6流量占比达9.38%,主要商业网站及移动互联网应用IPv6支持率达80.7%。

"十四五"期间,我国应从强化基础设施、激发应用生态、提升终端能力、强化安全保障等方面持续推动IPv6规模部署应用。一是强化基础设施IPv6承载能力。提升网络基础设施IPv6服务能力,优化内容分发网络IPv6加速性能,加快数据中心IPv6深度改造,扩大云平台IPv6覆盖范围。二是激发应用生态IPv6创新活力。深化商业互联网网站和应用IPv6升级改造,拓展工业互联网IPv6应用,完善智慧家庭IPv6产业生态,推进IPv6网络及应用创新。三是提升终端设备IPv6支持能力。推动新出厂终端设备全面支持IPv6,加快存量终端设备IPv6升级改造。四是强化IPv6安全保障能力。加强IPv6网络安全管理和配套改造,持续推动IPv6安全产品和服务发展。

22. 如何推进区块链、人工智能、工业互联网基础设施发展?

数字经济发展离不开区块链、人工智能、工业互联网等基础设施的支撑。

习近平总书记指出,要加强战略布局,加快建设以 5G 网络、全国一体化数据中心体系、国家产业互联网等为抓手的高速泛在、天地一体、云网融合、智能敏捷、绿色低碳、安全可控的智能化综合性数字信息基础设施,打通经济社会发展的信息"大动脉"。^① 其中,数据资源是数字经济发展的关键要素和"血液",区块链基础设施让数据实现可信传输和价值传递,人工智能基础设施让"血液"流通的效率提高、"营养"吸收更充分,工业互联网基础设施通过延伸"毛细血管"让"血液"更充沛、"生命"更有活力。推进区块链、人工智能、工业互联网基础设施建设,有利于促进数字技术和实体经济深度融合,赋能传统产业转型升级,夯实我国数字经济发展基础。

区块链基础设施建设是区块链应用和产业发展的基础和前提。当前,区块链产业正处于底层技术百家争鸣、场景应用百花齐放的快速发展阶段,区块链推广仍面临跨链互通难、用链成本高、应用监管难等挑战。构建区块链公共基础设施网络,为开发者提供统一的区块链运行环境和底层技术服务,有利于发挥区块链在促进数据共享、优化业务流程、降低运营成本、提升协同效率、建设可信体系等方面的作用,实现对数字经济的全方位赋能。

人工智能基础设施建设的重点不仅在于其自身的产业化发展,更要结合实体经济智能化应用场景,推动传统产业加快智能化转型,满足新旧动能转换的现实需求。推动人工智能基础设施建设,提升传统基础设施智能化水平,形成适应数字经济发展需要的基础设施体系,对于提升"智能+"发展的行业赋能能力、推动我国产业优化升级和生产力整体跃升具有重要意义。

工业互联网以网络为基础、平台为中枢、安全为保障,通过对人、机、物全面连接,变革传统制造模式、生产组织方式和产业形态,构建起全要素、全产业链、全价值链全面连接的新型工业生产制造和服务体系。工业互联网通过产

---

① 习近平:《不断做强做优做大我国数字经济》,《求是》2022 年第 2 期。

业链、价值链、供应链的全面链接,加速了制造业生产要素的集聚和我国新型工业化进程,为我国经济发展注入新动能。据测算,2021年我国工业互联网产业增加值规模达到4.13万亿元,名义增速达到15.69%,占GDP的比重为3.62%,正在成长为促进我国经济高质量发展的重要力量。

当前,我国在推进区块链、人工智能、工业互联网基础设施建设方面取得积极成效,为数字经济发展提供有力支撑。区块链应用方面,各地方、各行业结合自身需求,在数字金融、物联网、智能制造、供应链管理、数字资产交易、跨境贸易等多个领域建设了区块链应用平台。

人工智能方面,我国在人工智能算力基础设施建设和创新平台构建方面取得积极进展。截至2021年底,我国在用数据中心机架总规模超过520万标准机架,在用大型和超大型数据中心超过450个。截至2021年底,我国已经在北京、上海等18个地市建设国家新一代人工智能创新发展试验区,打造了一批国家人工智能开放创新平台,形成了一批人工智能与经济社会发展深度融合的典型模式。

工业互联网方面,截至2021年底,我国具备一定行业、区域影响力的工业互联网平台数量超过100个,连接设备数量超过7600万台套,工业机理模型数量达58.8万个,服务企业超160万家。

《"十四五"数字经济发展规划》提出,"构建基于区块链的可信服务网络和应用支撑平台""高效布局人工智能基础设施""建设可靠、灵活、安全的工业互联网基础设施",就是要进一步发挥区块链、人工智能、工业互联网等新一代信息技术在促进数字化转型发展中的放大、叠加、倍增作用,提升我国数字经济的竞争力和影响力。

第一,构建区块链可信服务网络和应用支撑平台。可以从基础设施和应用设施两个层面发力,为数字经济发展提供可信服务设施载体和应用支撑平台。一方面,构建基于区块链的可信服务网络。具体而言,就是要大力发展联盟链,在分布式计算与存储、密码算法、共识机制、智能合约等重点领域加强技术攻关,通过联盟链底层框架适配,构建跨云服务、跨门户、跨底层框架、跨地域、跨机构的区块链底层平台,打造安全可靠、跨链兼容、链上链下数据协同的区块链基础设施,持续降低区块链技术的应用成本、技术门槛和监管难度,让区块链服务像互联网一样方便、低成本和易用,助力数字经济发展和数字治理能力提升。另一方面,要构建区块链应用支撑平台。结合新型智慧城市建设,搭建政务领域区块链应用共性平台,积极推动区块链技术在教育、就业、养老、精准脱贫、医疗健康、商品防伪、食品安全、公益、社会救助等领域的应用,为人民群众提供更加智能、更加便捷、更加优质的公共服务。面向数字经济国际合作需求,构建基于区块链的行业应用支撑平台,为广泛开展数字经济合作提供基础保障。

第二,高效布局人工智能基础设施。人工智能发展三要素为数据、算力和算法。因此,人工智能基础设施发展也要从丰富数据来源、优化算力布局、提升算法效率三个方向发力。一是拓展数据资源采集渠道,加快传统基础设施智能化改造,推进物联感知终端部署,采集传统基础设施运行状态数据,打造支撑人工智能广泛应用的数据资源采集通道。二是优化算力基础设施布局,围绕国家重大区域发展战略,根据能源结构、产业布局、市场发展、气候环境等特点,结合算力需求特点,形成区域化、规模化、集约化、绿色化相互促进,大数据中心、智能计算中心、超算中心协同发展格局。三是建设人工智能研发基地和开放创新平台,面向政务服务、智慧城市、智能制造等重点领域智能化应用需求,引导现有与人工智能相关的国家重点实验室、国家工程研究中心等,以企业为主体、产学研合作组建人工智能领域的相关技术和产业创新基地,形成面向产学研用创新环节的群智众创平台和促进人工智能软件、硬件和智能云之间相互协同的生态链。

第三,推进工业互联网提档升级。一是提升工业互联网网络基础支撑能力。着眼构筑支撑工业全要素、全产业链、全价值链互联互通的网络基础设施,推动企业内网由"单环节改造"向"体系化互联"转变,实现工厂内机器、物品、生产线、信息管理系统和人等生产要素的广泛互联。推动企业外网由"建网"向"用网"转变,实现生产企业与智能产品、用户、供应链、协作企业等工业全环节的广泛互联。拓展"5G+工业互联网"应用领域从工业外围环节向生产制造核心环节拓展,推动应用重心从单点孵化向5G全连接工厂拓展。二是培育与推广工业互联网平台。建设面向重点行业和区域的特色型工业互联网平台,推动行业知识经验在平台沉淀集聚;建设面向特定技术领域的专业型工业互联网平台,推动前沿技术与工业机理模型融合创新;支持产业联盟、企业与科研机构合作共建测试验证平台,推动平台功能不断完善。三是加快构建工业互联网安全保障体系。健全完善部门协同、政府指导、企业主责的网络安全管理体系,建立健全监督检查、风险评估、信息共享等安全管理制度,通过标准规范引领推动企业贯标达标,促进工业互联网企业网络安全防护能力提升。

五、充分发挥数据要素作用

23. 数据作为新型生产要素，对经济社会发展有何作用?

数据要素是国家发展的战略性基础性资源，也是驱动数字经济发展的强大动力。党的十九届四中全会首次将数据列为新的生产要素。数据要素在降低生产成本、提高生产效率、改善生活水平等方面的重要价值正逐步显现，并将对经济和社会发展产生深远影响。

在促进经济发展方面，数据要素的充分运用可以有效激发产业创新活力、催生新业态，更好服务新发展格局。数据要素具有可复制性、非排他性、非稀缺性等特点，与传统生产要素深度融合能够显著提高生产效率，壮大发展新动能。一是与传统产业紧密结合，有助于改造传统产业，增加产业创新效能。数据要素在与制造领域结合推动数字化转型时，基于客户需求形成的大数据，可以支持研发设计模式的改造创新，提高企业研发设计的针对性和导向性，提升企业响应市场需求的能力，从而促进企业的生产模式由"规模生产"向"规模定制"转变，以数字化手段提升生产流程的柔性化，支撑个性化定制、网络制造等新型制造方式。二是有助于催生新产业新业态新模式。数据要素自身特点有助于缩短研发周期，加快产品迭代。在借助新技术、新设备、新工艺的基础上,通过对数据的合理运用,企业创造新产品、新服务的能力得到大幅提升,创新门槛与创新成本有效降低,在增强自身竞争力的同时,推动了网络社交、电子商务、共享经济等领域新模式新业态的发展。三是助力构建新发展格局。数据要素通过与其他生产要素相结合,有助于促进商贸和物流领域的数字化改造,助力我国企业更好利用国际国内两个市场、两种资源,提升企业国际竞争力。

在助力社会发展领域,数据要素有助于提高公共服务的便利性与精准性,提升社会治理现代化水平。在社会治理方面,数据要素的充分运用可以推动社会治理向数字化、智能化方向发展。数据可以支持社会治理科学决策、精准施策,优化社会治理,提高治理效率。在提高公共服务效能方面,通过推动数字政府建设,探索数据共享,以"数据多跑路、百姓少跑腿"的方式支持"最多跑一次"改革,有效提高政务服务的便利性,取得便民利企的良好效果。同时,通过分析医疗、教育、养老等民生领域数据,可以更准确地了解民众所需,有利于提供更加精准、高效和深入的民生服务,提升民众的获得感与幸福感。

"十四五"期间,将进一步提升数据要素的供给、流通和开发利用水平,释放数据要素价值,持续发挥数据要素对经济社会发展的促进作用。一是要强化高质量数据要素供给。在供给端,要充分发挥政府的示范和引导作用,统筹推进公共数据的开放共享。通过推动数据资源标准体系建设、提升数据资源管理水平,保障数据质量。在市场端,要通过加快培育壮大数据服务产业,提升数据采集、整理、聚合、分析等各环节数据加工处理水平。多措并举强化数据要素高质量供给,促进释放数据红利。二是要加快数据要素市场化流通。推进数据要素市场化建设,需要从市场基础制度完善、基础设施建设、流通交易管理和数据跨境流动等多方面综合发力,加快突破数据要素市场瓶颈,依托完善的数据要素市场,提升数据交易效率,营造安全有序的市场环境。三是要创新数据要素开发利用机制。要坚持市场导向、应用牵引,鼓励市场力量挖掘商业数据价值,促进数据、技术、场景在实体经济中的深度融合,通过数据要素的放大、叠加、倍增作用赋能传统产业转型升级,催生新产业新业态新模式,提高全要素生产率。

24. 为什么要强化高质量数据要素供给?

《"十四五"数字经济发展规划》提出,要强化高质量数据要素供给。强化高质量数据要素供给,是促进数据红利释放的必然要求,对于提高经济运行效率、保障和改善民生、促进数字经济高质量发展具有重要意义。

第一,强化高质量数据要素供给有助于提高经济运行效率。对于数据而言,单独运行价值小,必须融入经济系统里,与其他生产要素相结合并进行互动和循环,才能为经济增长作出贡献。数据要素可共享、可复制等特点,有助于打破传统生产要素有限供给对经济增长推动作用的制约,从而降低经济运行成本,提升经济运行效率。

第二,强化高质量数据供给有助于保障和改善民生。政务服务、教育、医疗、交通、能源等领域公共数据共享,有助于人民群众了解公共事务、参与社会治理,也有助于调动更多社会力量,参与公共数据的开发利用,助力政府更好感知社情民意、研判和化解社会风险,推动实现共建、共治、共享的社会治理局面。

第三,强化高质量数据供给有助于促进产业高质量发展。随着数字经济快速发展,各行各业对数据需求旺盛。当前,数据供给的动力机制尚不完善,相关产业特别是中小企业获取数据难度大、成本高。加大高质量数据供给,提升数据服务产业体量和能力,将助力改善中小企业"数据荒",提升数据流通各个环节的效率和质量,赋能数字经济相关产业和中小企业发展,推动产业整体实现转型升级。

"十四五"期间,应统筹发挥各方作用,强化高质量数据要素供给。一是要支持市场主体依法合规开展数据采集,聚焦数据的标注、清洗、脱敏、脱密、聚合、分析等环节,提升数据资源处理能力,培育壮大数据服务产业。二是要推动数据资源标准体系建设,提升数据管理水平和数据质量,探索面向业务应用的共享、交换、协作和开放。三是要加快推动各领域通信协议兼容统一,打破技术和协议壁垒,努力实现互通互操作,形成完整贯通的数据链。四是要推动数据分类分级管理,强化数据安全风险评估、监测预警和应急处置。五是要加快建立健全国家公共数据资源体系,统筹公共数据资源开发利用,推动基础公共数据安全有序开放,构建统一的国家公共数据开放平台和开发利用端口,提升公共数据开放水平,释放数据红利。

25. 培育壮大数据服务产业对于构建数据要素市场的意义?

发展数据服务产业,有利于充分挖掘数据要素价值,推动数据资源开发利用,拓展大数据应用场景和方案,促进大数据服务与各行业深度融合,完善大数据产业链,激发商业模式创新。

第一,培育壮大数据服务产业有利于提升数据开发利用水平。数据服务产业涵盖数据采集、标注、清洗、脱敏、脱密、聚合、分析等环节,是将数据要素转化为生产力要素的重要保障。通过培育壮大数据服务产业,形成规模效应,有助于有效增加服务供给,为数据开发利用提供优质、丰富、精准的服务选择,不断提升数据开发利用水平。

第二,培育壮大数据服务产业有助于推动数据产业做优做强做大。一方面,通过鼓励数据服务产业围绕数据清洗、数据分析、数据可视化等需求向专业化、工程化、平台化发展,能够更加高效地加速数据产业集群的壮大,有利于筑牢数据要素市场的根基,加快经济社会发展质量变革、效率变革、动力变革。

另一方面,数据服务产业通过对新型服务模式的探索,如发展智能服务、价值网络协作、开发运营一体化等,可以最大化激活数据要素潜能,为数据要素市场的产业链发展持续注入活力。

第三,培育壮大数据服务产业有助于引导行业规范发展。从数据服务产业入手,规范数据交易和安全管理,有助于加快健全数据要素市场运营体系,营造安全有序的市场环境。据互联网数据中心(IDC)测算,从 2018 年到 2025 年,中国拥有的数据量将从 7.5ZB 增长到 48.6ZB,占全球 27.8%。从数据规模和量级看,我国构建全球领先的超大规模数据市场已经具备基本条件,亟须培育壮大数据服务产业来引导行业规范发展,助力数据资源开发利用水平提升和数据服务产业链构建,协助数据要素顺利流通,确保最大程度上释放数据要素价值。

"十四五"期间,要持续培育壮大数据服务产业,推动设立数据服务产业发展专项资金,用于数据服务产业落地奖励以及园区、平台、人才支撑体系和配套研发体系建设。大力支持数据服务企业发展,鼓励校企合作、鼓励科技创新和标准创建、支持企业上市、支持数据服务产业发展试点示范。同时,搭建政府与企业桥梁,助力数据服务产业集聚发展。

26. 如何理解推进数据分类分级管理?

《"十四五"数字经济发展规划》提出,要加快推进数据要素市场化建设,充分发挥数据要素作用。数据资源分类、分级管理是推进数据共享和开放的基础性工作,目的在于明确数据的范围边界和使用方式。国际上对于数据分类分级一般统称为 Data Classification,根据需要对分类的级别和种类进行描述。数据分类被广泛定义为按相关类别组织数据的过程,以便可以更有效地使用和保护数据,并使数据更易于定位和检索。数据分类保护将具有共同性质、属性或特征的数据归并在一起,再根据类别纳入不同的保护体系;数据分级保护主要从数据安全、隐私保护和合规要求的角度对数据进行划分,构建相应的技术保护体系。

在我国,数据分类分级保护制度是指根据数据属性、特点、数量、质量、格式、重要性、敏感程度等因素,科学划分数据资源,配套相应的安全风险防控措施,在释放数据资源价值的同时,保护数据安全和个人隐私,对平衡数据安全与高价值数据开发利用,推动数字经济高质量发展具有重要意义。

一是数据分类分级管理是推动数字经济健康发展的客观需要。数据是数字经济时代重要的生产要素,数据要素的高效利用与合理开发,有助于提高全社会劳动生产率,有助于实现生产率跃升、产业链优化和竞争力重塑,是推动数字经济高质量发展的重要驱动力。强化数据分类分级管理,安全、合规、有序地利用好数据资源,充分激活数据要素潜力,是推进数字经济健康发展的客观需要。

二是数据分类分级管理是促进数据要素有序流通的重要支撑。数据要素是数字经济的核心引擎,与土地、资本等要素相比,数据本身具有流动性、多样性、可复制性等特性。作为新型生产要素,数据只有流动、分享、加工处理才能创造价值。与此同时,随着数据挖掘、收集等行为的日益频繁、深入,数据的存在形态也由分散状态变为高度集中,一个环节失陷就可能导致重要数据泄露,带来安全风险。明确数据流通的要求、流程和要点,建立配套的流通规则是开展数据要素有序流通的前提,而数据分类分级管理则是这一前提的先决条件。

三是数据分类分级管理是维护关键领域数据安全的有效方式。能源、交通运输、水利、金融等关键信息基础设施事关国家安全、国计民生、公共利益。随着数字经济的加快发展,经济社会活动不断向网络空间延伸扩展,厘清关键信息基础设施承载的重要数据,梳理重要数据采集、加工、传输情况,分析数据流动条件和路径,强化针对重要数据的安全防护措施,对于维护关键领域数据安全,保障经济社会稳定具有重要意义。

近年来,我国高度重视数据分类分级管理工作,国家层面、行业层面以及地方层面,在法律法规、政策制度和标准规范上开展了一系列工作。一是国家出台相关法律法规,明确数据分类分级基本原则。2017 年 6 月 1 日《中华人民共和国网络安全法》正式实施,明确提出数据分类的理念,此后一系列法律法规陆续出台,数据分类分级的基本原则逐步清晰。2021 年 9 月 1 日实施的《中华人民共和国数据安全法》,进一步明确"对数据实行分类分级保护"。二是金融、电信等出台标准,开展行业数据分类分级管理。2020 年 9 月,《金融数据安全 数据安全分级指南》颁布实施,给出了金融数据安全分级的目标、原则和定级范围,并明确了数据安全定级的要素、规则和具体的定级过程。2020 年 12 月,《基础电信企业数据分类分级方法》颁布实施,按照业务属性(或特征),规定了基础电信企业网络安全态势感知系统应具有的基本功能,细化了基础电信企业数据分类分级标准。此外,医疗领域、工业领域等也出台了相关标准和管理指南,强化行业数据分类分级管理。三是地方健全相关管理制度,践行数据分类分级管理要求。2016 年,贵州省发布《政府数据 数据分类分级指南》。此后,浙江、上海、四川、重庆、广西、杭州、武汉、长春等省市也都陆续出台了数据分类分级制度,为探索公共数据分类分级管理标准制定积累有益经验。

"十四五"期间,将进一步健全完善数据分类分级管理制度。一是在现有制度体系基础上,继续细化完善相关法律法规、配套制度等。明确核心数据、重要数据等识别规则、安全保护要求等内容,以及各类数据流通的要求、流程和要点,构建自上而下的数据分类分级制度体系。二是重点行业尤其是关键信息基础设施领域,应不断健全数据分类分级管理。对于已出台相关标准的,应结合国家相关法律法规和实际应用需求,不断修订完善本领域数据分类分级标准;对于未出台数据分类分级规章制度的,应按照国家相关法律法规和实际应用需求,尽早完善数据分类分级制度体系建设,在充分释放数据要素价值的同时,切实维护关键领域数据安全。三是积极推动各地区不断探索公共数据分类分级。推动健全完善政府部门和事业单位等公共机构数据资源清单,推动政府数据共享和公共数据开放。

27. 我国数据资源标准体系建设目前进展如何?

《"十四五"数字经济发展规划》提出要推动数据资源标准体系建设,提升数据管理水平和数据质量,探索面向业务应用的数据共享、交换、协作和开放。近年来,我国各行各业积极开展数据资源标准体系建设,经过不懈努力,目前已在大数据标准体系建设、数据资源安全标准体系建设、数据资源治理标准体系建设等方面取得了积极进展,积累了有益经验。

第一,初步形成大数据领域标准体系框架。大数据领域的标准化工作是支撑大数据产业发展和应用的重要基础,2014年以来,全国信息技术标准化技术委员会大数据标准工作组、全国信息安全标准化技术委员会大数据安全标准特别工作组先后成立,制定并发布《信息技术 大数据技术参考模型》国家标准,规范了大数据系统的逻辑功能构件及构件之间的互操作接口,为开发各种具体类型大数据应用提供了通用技术参考框架。

第二,大数据安全标准体系加速建立。标准化工作是保障数据安全的重要基础,为加快推动我国大数据安全标准化工作,完善我国大数据安全领域标准体系,2016年大数据安全标准特别工作组成立,开展大数据安全相关技术和标准研究,制定并发布《信息安全技术个人信息安全规范》国家标准。大数据服务安全能力要求、大数据安全管理指南等相关国家标准正在加快研制。

第三,数据治理标准化工作加快推进。我国已逐步开展数据治理的相关实践,在国家和地方层面同步推进数据治理的标准体系建设。相继发布《信息技术服务治理第 5 部分:数据治理规范》《数据管理能力成熟度评估模型》等系列国家标准。贵州、广东、上海、山东、山西、内蒙等地成立了大数据技术委员会,制定并落地实施具有地方特色的数据治理地方标准,为政务数据治理提供了有效标准支撑。

"十四五"期间,将持续推进数据资源标准体系建设。一是不断完善标准体系,立足经济社会数字化转型新进展、数据资源标准认知与实践水平新提升,结合数据安全相关法律法规的新要求,适时修订完善数据资源标准体系。二是加快系列数据标准落地应用,鼓励行业协会、标准化技术组织等开展面向生产者、使用者、公共利益方的标准宣传和培训,引导企业在研发、生产、管理等环节对标达标,加速标准的落地实施和引领赋能。三是加强国际化交流合作,持续加大数据资源国际标准参与力度,推动相关国际标准的制定,加强与相关国际组织的交流与合作,积极践行数据资源领域的多边合作与互利共赢。

28. 为什么要加快数据要素市场化流通?

《"十四五"数字经济发展规划》提出,数据要素是数字经济深化发展的核心引擎。切实激活数据要素价值,将为经济社会数字化发展带来强劲动力。要加快构建数据要素市场规则,培育市场主体、完善治理体系,促进数据要素市场流通。

第一,数据要素市场化流通,有利于保障经济活动高效运行。从宏观经济运行到微观企业管理,一切信息皆通过数字化技术,以数据形式实时传输与处理。为更好发挥数据作为生产要素的价值,迫切需要提升要素的流动性。因此,通过完善数据要素市场化配置,让数据资源像产品和服务一样具有商品属性,有价格、有产权、能交易,有助于促进数据要素与其他生产要素的深度融合,为提升经济运行效率增添动力。

第二,数据要素市场化流通,有利于促进业态和模式的创新。数据的市场化流通和应用推动经济社会各领域加速变革,颠覆性地改变了人们生产和生活方式。特别是新冠肺炎疫情暴发后,基于大数据的决策分析,促进了物资流转、复工复产、稳定就业,带动了在线办公、远程医疗、远程教育、无接触配送等新业态发展。得益于对数据的深度挖掘和高效利用,企业在精准营销、个性定制、智能制造等方面的创新能力被不断激发,推动产业在生产模式、组织形态和价值分配领域发生全面变革,推动加快实现产业结构转型升级。

第三,数据要素市场化流通,有利于促进社会治理现代化。当前,数字政府建设进入新的发展阶段,各地方、各部门实施了一系列措施办法,在政府管理服务过程中应用数字技术,充分发挥数据作用,不断提高决策科学性和服务效率。发挥数据在社会治理现代化中的基础支撑作用,增强政府感知,推动"数据说话、数据决策"的数字政府建设,形成更加丰富的数字化便捷服务场景,有助于促进社会治理更加高效。

"十四五"期间,要加快构建数据要素市场规则,培育市场主体、完善治理体系,促进数据要素市场流通。一是鼓励市场主体探索数据定价机制,逐步完善数据定价体系。二是规范数据交易管理,培育规范的数据交易平台和市场主体,建立健全数据资产评估、登记结算、交易撮合、争议仲裁等市场运营体系,提升数据交易效率。三是严厉打击数据违规交易,营造安全有序的市场环境。

29. 数据要素流通面临哪些障碍?

《"十四五"数字经济发展规划》提出,要加快构建数据要素市场规则、培育市场主体、完善治理体系,促进数据要素市场流通。加快数据要素流通,让数据变成真正的"活水",才能真正激发数据要素的价值。从数据产权、流通机制、收益分配和数据安全等方面看,数据要素流通仍存在一些障碍。

第一,数据产权界定难。数据确权是培育数据要素市场的关键,产权界定清晰,权责明确,有助于促进数据的共享流通。在数据的生成过程中,往往涉及多方主体,参与的主体和各主体参与的程度难以清晰的界定,导致了数据权责难以厘清。数据产权界定不明确造成数据在流通、交易、使用过程中的可解释空间大,导致市场规范性变差,也给相关司法实践带来困难,不利于数据要素的流通使用。

第二,数据流通交易机制有待完善。当前,我国数据流通交易制度探索仍处于起步阶段,尚未形成跨层级衔接、跨地区互认的流通规则,数据流通还存在确权难、定价难、互信难、入场难、监管难等问题。此外,我国数据存储、计算设施仍然存在区域布局不合理问题,资源过剩与匮乏现象并存。数据流通相关技术仍处于发展初期,在效率、成本、能耗、安全等方面仍有较大的提升空间。

第三,收益分配机制尚待健全。建立高效公平的数据要素分配机制,对促进数据要素的交易分配具有重要作用。当前,数据要素价值创造过程难以明确,数据要素通过与土地、劳动、资本、技术深度融合才能实现价值,在实践中数据要素的投入所带来的经济效益难以评估。

第四,数据安全风险日益上升。数据安全牵一发而动全身,只有筑牢数据安全基石,才能保障数据安全合规流通,有效防范和化解数据风险。数据要素应用涉及主体众多,流通环节复杂,增大了受攻击的风险。大规模数据集中存储的方式,增加了数据泄露后果的严重性。数据流通场景的复杂性也带来不同类型的安全风险和潜在威胁。这些安全风险,一定程度上降低了相关主体进行数据要素流通的意愿,需要坚持底线思维,加强防范和化解。

30. 如何理解创新数据要素开发利用机制？

《"十四五"数字经济发展规划》提出,要适应不同类型数据特点,以实际应用需求为导向,探索建立多样化的数据开发利用机制。数据开发利用是激活数据要素价值的关键。当前,我国围绕"数据资源、基础硬件、通用软件、行业应用、安全保障"的大数据产品和服务体系初步形成,但与实际需求相比,我国数据应用仍需加强。创新数据要素开发利用机制,就是要坚持市场导向、应用牵引,鼓励市场力量和重点行业挖掘数据价值、创新数据开发利用模式,通过数据要素的放大、叠加、倍增作用赋能传统产业转型升级,催生新产业新业态新模式,提高全要素生产率。

一方面,要充分发挥新技术的支撑作用。强化数据沙箱、多方安全计算、联邦学习、区块链等技术应用,对数据要素进行加工处理,开发符合市场需求的数据产品和数据服务,推动数据要素产品化、服务化,培育数据交易新模式,打通数据要素价值实现"最后一公里"。创新大数据应用服务模式和业态,加快开发数据利用全生命周期技术工具、产品及解决方案。大力发展专业化、个性化数据服务,加速构建数据服务产业发展生态体系。着力推动数据要素、数字技术与应用场景深度融合。

另一方面,要鼓励重点行业创新数据开发利用模式。随着信息化建设的不断发展,数据要素在各行各业的应用越来越广,对产业发展起到了极大的促进作用。开发利用重点行业和领域数据,对引导推动数据资源的整合共享和开放开发,激发数据活力,释放数据动能,推动行业转型和创新发展具有深远的意义。创新数据开发利用模式,要充分拓展5G、大数据、人工智能、区块链等新技术在各行业的应用场景,通过新技术与产业的深度融合,推动形成新业态新模式。聚焦重点行业,围绕创新行业数据应用、打造典型数据产品、提升数据管理服务等领域,推进试点示范工作。提升数据开发利用水平,推动行业数据产品化,实现数据的再创造和价值提升。推动数据要素与各行业各领域融合应用,并加大对优秀应用解决方案复制推广力度。以数据创新带动管理创新和模式创新,在通信、金融、医疗、应急管理等重点行业打造成熟行业应用场景,推动重点产业蓬勃发展。要调动行业协会、科研院所、企业等多方参与数据价值开发,提升行业内数据流通效率。

六、大力推进产业数字化转型

31. 企业加快数字化转型升级具有怎样的意义？

习近平总书记指出："世界经济数字化转型是大势所趋,新的工业革命将深刻重塑人类社会。"①当前,顺应新一轮科技革命和产业变革发展趋势,全面推动数字化转型,充分发挥数字技术对企业发展的赋能作用,培育经济增长新动能,已成为所有企业纾困当下、筑基长远的必然选择。《"十四五"数字经济发展规划》提出,加快企业数字化转型升级。进一步把企业数字化转型升级作为推动数字产业化和产业数字化、做强做优做大我国数字经济的重要手段,是引导企业顺应产业变革新趋势、应对发展不确定性、打造数字化新型能力的重要举措。具体而言,应当从三个方面理解。

第一,企业加快数字化转型升级是适应产业变革新趋势的必然选择。随着新一轮科技革命和产业变革加速演进,数字技术与实体经济融合广度和深度持续拓展,正加快推动产业发展的要素、模式和形态全面变革。一是生产要素从传统要素向数据要素拓展。数据既蕴含了设备信息、工业知识、工艺流

---

① 习近平:《登高望远,牢牢把握世界经济正确方向——在二十国集团领导人峰会第一阶段会议上的发言》,《人民日报》2018 年 12 月 1 日。

程、生产规律,又通过快速流动带动其他传统要素优化配置,这些都能转化为产业发展的实际价值。由于数据不会因使用而消耗,而是越使用价值发挥越大,使用过程中又会产生新的数据,成为新的"生产资源"用于"再生产",从而为产业增长提供持续价值。二是产业模式从大规模标准化生产向高效率个性化定制转变。智能机器人、虚拟制造、增材制造等技术与工业软件、制造系统等的集成应用,显著提高了生产设备自主化决策能力和生产线的柔性化调度能力,从而实现以用户为中心、根据消费者需求进行大规模个性化定制。三是产业形态从边界清晰向边界消融演进。以产品和服务为中心、以信息网络和数字平台为载体、以生产数据流动和循环为驱动,实现不同产业间的链条重组和跨界融合,催生服务型制造、共享制造、供应链金融、餐桌农业、直播电商、无人超市等融合性新业态新模式,深刻改变产业原有价值创造和竞争模式。产业发展的诸多重大变革,要求企业顺应数字技术应用潮流,着力推动数字化转型升级,在适应产业新规律、谋求竞争新优势、找准新增长点等方面加大探索力度,确保与时代要求不偏航、不落伍。

第二,企业加快数字化转型升级是应对发展不确定性的迫切需要。不确定性源于信息约束条件下人们有限的认知能力,是人类改造世界的永恒挑战。当前,企业面对的需求、供给、安全等层面的不确定性日趋复杂,倒逼企业加快数字化转型,提升应对不确定性的精准决策、快速响应能力。一是积极应对消费者需求变化带来的不确定性。随着时代发展,消费者日益掌握了市场主动权,从"市场提供什么买什么"加快向"需要什么买什么"转变,需求碎片化、动态化、个性化特征突出。企业通过数字化转型,重新定义以消费者为中心的产品逻辑、业务逻辑和供需关系,即时掌握消费者需求、支持消费者参与生产、建立直连消费者的全营销渠道,充分满足消费者"千人千品"需求。二是积极应对市场环境动荡变化引发的供给不确定性。当前,全球经济复苏缓慢,产业链、供应链受疫情反复、地缘冲突影响日益显现,引发了全球市场分化,大宗商品价格上升、物流成本高涨、供应链断裂、贸易制裁加剧等不确定因素,加剧企业经营困难。企业通过数字化转型,有助于运用"数据+算法"建构映射现实世界的数字孪生空间,以数据的自动流动化解复杂系统的不确定性,促进资源优化配置,打造企业竞争新优势。三是积极应对数字时代网络空间各类风险挑战带来的不确定性。在数字技术和信息网络广泛普及的当下,即便企业经营不主动"上云""用数",依然会被动"安装"融入数字系统的商业基础设施,导致面临数据泄露、网络诈骗、勒索软件攻击、算法规制等安全风险,进一步倒逼企业推动数字化转型,提高掌握数字技术、运用数字技术的能力,保障企业在数字时代正当的商业权益不受侵犯。消费者、市场、安全发展等需求的持续演变,加剧了企业经营的复杂性,倒逼企业推动数字化转型升级,提升应对不确定性的能力,谋求更可持续、更具韧性的长远发展。

第三,企业加快数字化转型升级是打造发展新优势的关键所在。数字化转型已不是企业发展的"选修课",而是关乎生存和长远发展的"必修课"。加快企业数字化转型升级,推动企业充分运用数字技术,有助于形成创新力更强、价值链水平更高的生产方式、组织架构和商业模式,强化企业经营决策能力和资源配置能力。一是数字化转型加速企业生产方式转变。通过集成应用传感器、工业软件、通信网络、人机交互等技术,促进企业内部以及企业间研发设计、生产制造、营销管理各业务系统的无缝衔接和综合集成,实现人、机器、物料、系统、产品等各类要素信息的相互识别、云端汇聚、高效分析和科学决策,加快实现生产方式网络化协同、智能化升级。二是数字化转型加速企业组织形态转变。新一代信息技术应用形成了泛在、及时、精准的信息交互方式,大幅降低信息交易、评价、决策、监督等活动成本,带来了企业组织形态、流程、机制深刻变化,企业自上而下、层层传达的垂直管理架构被打破,管理层级大大减少,组织模式加速向扁平化、柔性化方向发展。三是数字化转型加速企业商业模式转变。企业通过线上营销、远程协作、数字化办公、智能生产线等应用,由点及面促进业务全流程的无缝衔接和综合集成,从而激发更多数字化业务创新,在个性化定制、服务化延伸等新模式,以及在线服务、共享服务、智能服务等新业态方面实现价值提升。综合来讲,加快企业数字化转型升级,从而推动企业生产方式转变、组织形态转变、商业模式转变,提升企业经营的柔性化、精细化、智能化水平,在日益激烈的市场竞争中赢得发展主动权。

32. 什么是普惠性"上云用数赋智"服务?

《"十四五"数字经济发展规划》提出,要推行普惠性"上云用数赋智"服务,推动企业上云、上平台,降低技术和资金壁垒,加快企业数字化转型。广大企业特别是中小企业的数字化转型总体经历"上云""用数""赋智"三个阶段,即首先推动核心业务系统平台迁移和云端集成,其次在系统数据整合和云端沉淀的基础上进一步开展数据的深层次开发利用,最后通过数据决策方式驱动各类设备和业务的数字化应用和智能化改造。但在"上云用数赋智"这一过程中,中小企业始终面临转型基础薄弱"不会转"、转型成本过高"不能转"、转型阵痛期过长"不敢转"等问题。普惠性"上云用数赋智"服务针对企业转型痛点,加强平台开放和通用工具赋能,推动资金支持机制和融资服务创新,促进产业链供应链协同,有助于降低中小企业转型门槛和成本,提高转型成功率。具体而言,普惠性"上云用数赋智"服务包括以下五个方面。

第一,普惠性的云计算平台服务。"上云"重点是应用云平台基础设施开展数字化转型。当前,云平台服务商围绕用户企业数字化基础设施建设要求,主要从三个方面提供低成本、可扩展的云服务。一是 IT 基础设施资源云端调度,为企业建立网络、计算和存储等虚拟化异构资源池,提供资源泛在连接、弹性供给、高效配置服务,避免企业在基础设施本地部署和维护方面的高投入。二是业务系统云端应用,支持企业原有业务系统云端迁移,或是直接采购云化软件服务,降低企业业务数字化建设成本。三是面向业务创新的微服务,围绕企业设备管理、员工信息管理、生产资源优化、业务环境管理等方面,提供高度解耦、可复用的微服务或微组件,并根据企业数字化业务创新需要,推动微服务和微组件的编排、调用和迭代优化。

第二,普惠性的数据融合服务。"用数"重点是更深层次推进大数据融合应用。数据作为企业的新生产资料和新资产,提升企业规范管理和共享数据能力,加强数据挖掘分析和开发利用,保障数据安全性,对释放企业数据要素潜在价值至关重要。为此,数据服务商主要从三方面补足企业使用数据的短板。一是搭建数据资源池和数据库,提供数据清洗、脱敏、管理、治理、共享等基础性服务,促进数据跨部门、跨系统、跨业务的异构融合,提高企业数据质量。二是挖掘数据价值,提供数据分析、挖掘、建模、可视化等服务,帮助企业掌握经营管理运行状态、发现问题、作出决策。三是加强算法积淀,通过大数据手段,帮助企业将业务知识、技能、工艺、经验等转化为算法模型加以沉淀,奠定智能化应用基础。

第三,普惠性的智能应用服务。"赋智"重点是推动企业设施智能化改造和业务智能化升级。智能化是企业数字化转型的高级阶段,即企业具备自主感知、学习、分析、决策和优化能力,能动态适应外部环境变化,并提供高品质智能产品和服务的能力。当前,信息技术服务商主要聚焦企业经营智能化和产品智能化提供相关应用支撑服务。一是提供单环节智能化改造服务,帮助企业采用新技术、新工艺、新设备,对经营设施、经营活动、经营环境等进行智能化改造,支持智能化应用场景建设和运行,提高企业智能化水平。二是提供智能化系统解决方案,综合运用5G、先进传感、大数据、人工智能等新一代信息技术,围绕企业数字化转型提供咨询设计、平台搭建、系统集成、运行维护等整体解决方案,推动企业开展基于数字技术集成应用的工艺创新、场景集成和业务流程再造,逐步构建起自主感知、分析、适应、决策、优化能力。三是提供智能化应用创新服务,帮助企业搭建智能化开放创新平台,推动企业发展基于平台的智能产品创新和应用服务,逐步集成相关的业务数据和产品数据,形成相关行业的专业知识集,反向牵引智能产品和服务迭代升级。

第四,普惠性的资金支持服务。为解决企业"没钱转"的难题,通过建立政府—金融机构—平台—中小微企业联动机制,以专项资金、金融扶持形式鼓励"上云用数赋智"相关服务商为用户企业提供普惠性服务。一方面,发挥政府财政牵引作用,对于获得国家和地方政策支持的试点平台、服务机构、示范项目等,通过政府补平台、平台做服务,面向中小微企业提供相应的减免费服务。另一方面,发挥金融机构资金优势,探索数字贷、供应链金融等新型金融服务,将数据资产、供应链合作等新型资源纳入信用体系,利用大数据手段对企业相关信用基础进行评价,并对符合条件的企业提供信用贷款、融资租赁、质押担保、"上云"保险等金融服务。

第五,普惠性的转型指导服务。为解决企业"不会转"的难题,推动具备条件的行业和企业探索大数据、人工智能、云计算、数字孪生、5G、物联网和区块链等数字技术应用和集成创新,总结实施路径和阶段特征,建立实施标准和发展水平评估体系,培育发展一批指导用户企业开展数字化转型的专业咨询服务商,具体包括两方面服务内容:一方面是数字化转型顶层设计服务,从转型战略、技术架构、推进方式、工具选择等维度编制数字化转型指南或实施手册,为企业开展定制化转型咨询服务;另一方面是数字化转型评估评价服务,帮助企业数字化转型开展评估诊断,研判转型过程中面临的突出问题,引导企业向更高层级数字化转型阶段迈进。

33. 中央企业、国有企业在产业数字化转型中具有怎样的作用?

习近平总书记指出,国有企业是中国特色社会主义的重要物质基础和政治基础,是中国共产党执政兴国的重要支柱和依靠力量。① 我们要充分发挥国有经济主导作用,增强中央企业、国有企业推动数字化转型的责任感、使命感、紧迫感,推动中央企业、国有企业在把握新一代信息技术变革趋势,引领带动经济高质量发展中发挥更大作用。

第一,中央企业、国有企业是实现高水平数字科技自立自强的引领者、攻关者,能够为产业数字化转型提供技术支撑。习近平总书记指出,国有企业特别是中央所属国有企业,一定要加强自主创新能力,研发和掌握更多的国之重器。中央企业、国有企业是我国科技创新特别是数字化重大工程的骨干力量,通过推进数字化转型,发挥其资本雄厚、人才储备较多、协同创新能力强的优势,加快攻克关系国民经济命脉、产业发展安全的"卡脖子"关键核心技术,有助于提升我国原创技术需求牵引、源头供给、资源配置、转化应用能力,打造形成国际先进、安全可靠的数字化转型技术体系。中央企业、国有企业要进一步增强责任感、使命感、紧迫感,坚持高水平科技自立自强,面向科技革命和产业变革重大方向,全力攻坚,形成一批原创性引领性关键技术,不断提升技术牵引和产业变革的创新力。

第二,中央企业、国有企业是建设数字时代世界一流企业的探索者、领航者,是产业数字化转型的引领者。在中央全面深化改革委员会第二十四次会议上,习近平总书记指出,要加快建设一批产品卓越、品牌卓著、创新领先、治理现代的世界一流企业。数字经济时代,打造"世界一流企业",不仅要求企业规模体量的增长,更需要在核心业务创新、经营管理水平、产业链带动能力上实现全方位提升。国有企业特别是中央企业资产及市场体量大,业务链较长,体系较完整,对稳定国内产业链供应链的作用举足轻重。国有企业通过数字化转型,夯实产业基础,提高产业水平,不断提升基础固链、技术补链、融合

---

① 《习近平在全国国有企业党的建设工作会议上强调 坚持党对国有企业的领导不动摇 开创国有企业党的建设新局面》,《人民日报》2016 年 10 月 12 日。

强链、优化塑链能力,有助于将自身打造成重要产业链枢纽,在现代产业体系构建中更好发挥支撑引领作用。同时,国有企业通过智能化改造与创新,引领和促进产业链上下游企业共同进步、协同发展,合力推进技术创新、产品开发、模式扩散和业态培育,促进我国产业数字化转型向纵深推进。中央企业、国有企业要加快数字化转型,积极整合调动产业链要素资源,推动产业链优化升级,为加快构建现代产业体系、促进我国经济高质量发展作出重要贡献。

第三,中央企业、国有企业是构建大中小企业融通创新生态的支撑者,是赋能其他企业数字化转型发展的服务者。中央企业、国有企业作为产业龙头,有能力实现产业链供应链资源的高效配置,促进供应链整合、创新能力共享、数据开发应用,推动形成协同、高效、融合、顺畅的转型生态。中央企业、国有企业通过建设一批符合中小企业特点的数字化共性平台,开发一批轻量化、低成本的数字化转型解决方案,面向中小企业开放设计研发能力,共享仪器设备资源,提供人才、资金、技术等要素支持,有助于促进广大中小企业实现转型升级。中央企业、国有企业要进一步发挥数字化牵引作用,坚持生态赋能、平台赋能,通过"以大带小,以小托大",营造"大河有水小河满,小河有水大河满"的发展局面。

34. 当前传统产业数字化转型总体形势如何?

《"十四五"数字经济发展规划》提出,推动传统产业全方位、全链条数字化转型,提高全要素生产率。近年来,我国进入经济增速换挡、产业结构升级、发展动力转换的发展阶段,传统的要素规模化投入增长模式难以为继,新兴的消费者市场需求爆发式增长,传统产业数字化转型日益提速。通过深化数字技术在传统产业生产、运营、管理和营销等诸多环节的应用,不断释放数字技术的放大、叠加、倍增作用,是推动传统产业质量变革、效率变革、动力变革的现实路径。

近年来,我国大力推动传统产业数字化转型取得积极成效。一是转型基础更加坚实。建成了全球规模最大、技术先进的信息通信网络,5G网络已覆盖所有地级城市、大部分县城和多数乡镇,大规模千兆光网建设形成了覆盖3亿户家庭的能力。加强全国一体化大数据中心体系筹布局,全面启动"东数西算"工程。实施工业互联网创新发展工程,推动工业互联网在45个国民经济行业大类中得到广泛应用,全国"5G+工业互联网"在建项目总数超过2400个。二是转型范围不断拓展。数字化应用领域正加速向广电、医疗、制造、教育、零售、能源等行业深入,基于5G、大数据、云计算、人工智能等新一代信息技术的融合创新、交叉创新稳步推进。三是转型程度不断深化。2020年全国农业生产信息化水平为22.5%,全国农产品质量安全追溯信息化水平为22.1%。规模以上工业企业关键工序数控化率达到55.3%,数字化研发工具普及率达到74.7%,企业利用数字化显著提升了发展质量、产业竞争力。2020年电子商务交易额达到37.21万亿元,线上消费成为居民消费的重要渠道。

传统产业数字化转型取得了积极成效,但是依然面临一定困难和挑战。一是部分企业自身转型动力不足。目前多数企业数字化转型意愿强烈,但普遍缺乏清晰的战略目标与实践路径,更多还是集中在生产端如何引入先进信息系统,没有从企业发展战略高度进行谋划,企业内部尤其是高层管理者之间难以达成共识。中小微企业数字化转型基础弱,工作量大,耗时长,短期内效益不明显,仍存在不愿转、不敢转的问题。二是转型路径多样,行业差异大。传统产业数字化发展不平衡不充分问题比较突出,三次产业数字化覆盖不均衡,一产、二产数字化转型较为滞后。每个行业都有自身的特殊性,这种特殊性导致其他行业的数字化转型经验难以快速复制和有效推广,数字化转型进度受到影响。三是共性基础支撑服务不完善。目前市场上大多为面向特定行业的通用型数字化解决方案,满足客户需求的个性化、一体化解决方案较少,尤其缺乏集战略咨询、架构设计、核心软件、数据运营、流程优化、运维升级等于一体的端到端解决方案,对行业认知深刻、数据挖掘分析能力强、生态构建能力强的数字化解决方案供应商较少,对传统产业数字化转型的支撑服务不到位。

下一步,强化价值创造、数据集成、平台赋能,将成为传统产业数字化转型的重要趋向。一是从生产驱动到以消费者为中心的价值创造。传统产业数字化转型的目的,从提高生产制造能力和运行效率转向为客户提供更高满意度的商品和全方位体验服务上来,全渠道、多触点的客户体验成为设计数字产品和服务、优化业务流程、重塑组织模式的主要出发点。二是从物理资产管理到数据资产管理。伴随着数据规模的不断扩大,加强数据资产管理成为传统产业数字化转型的普遍共识。加强行业大数据平台建设、构建高质量数据链、推动行业数据深度应用、强化数据治理成为传统产业数字化转型的重点方向。三是从内部数字化到平台赋能的产业链协同。平台是产业全要素连接的枢纽,是产业资源配置的核心,越来越多的互联网头部企业以及行业骨干企业通过平台将自身的数字化经验赋能中小企业,形成对产业链上下游关联主体的支撑,推动构建资源富集、多方参与、创新活跃、高效协同的开放共赢产业新生态。

35. 当前发展智慧农业需重点突破哪些制约因素?

从 2012 年"中央一号文件"提出加快推进农业科技创新支撑农业现代化发展以来,"智慧农业"相关工作部署多次出现在"中央一号文件"中。《"十四五"数字经济发展规划》提出,大力提升农业数字化水平,推进'三农'综合信息服务,创新发展智慧农业。智慧农业作为新一代信息技术与传统农业在决策、生产、流通、交易等关键环节深度融合形成的新型农业发展模式,有利于提高农业综合生产水平,打通市场消费连接渠道,成为推进农业现代化、实现乡村振兴的重要路径。当前,各地区对发展智慧农业已经开展了有益探索。但由于我国农业领域信息化发展起步较晚、基础较为薄弱,发展过程中仍存在一系列制约因素。针对这些制约因素,宜久久为功、综合施策,加快探索适合我国智慧农业发展的有效路径。

我国农业领域的智慧化水平远落后于工业、服务业领域的智慧化水平,整体技术水平与国际领先国家相比有 10 年以上的差距。结合我国发展的实际情况综合分析,我国智慧农业发展面临的瓶颈主要体现在以下四个方面。

第一,小农经济规模不足形成效益瓶颈。"大国小农"是我国基本国情农情。当前,全国小农户数量占农业经营主体 98% 以上,户均经营面积仅为 7.8 亩,2.3 亿农户中经营面积在 10 亩以下的农户约有 2.1 亿。农业的机械化、信息化基础较为薄弱,分散化的生产条件进一步增加了数字农业设备的部署成本,技术应用的经济性难以发挥,成为智慧农业发展最主要的制约因素。当前,多数"高大上"的智慧农业应用基本以小规模示范为主,并没有得到广泛普及应用。

第二,自主创新能力不够形成技术瓶颈。在农作物模型研制方面,农作物生长模型能够对作物生产过程中所需的外部条件进行智能化分析,从而替代人工经验以提高产量,但我国使用的大多农作物生产模型均来自荷兰、美国等。在农田感知技术方面,智能农业中不可或缺的感知技术能够获取作物的生长状况并将其转化为计算机可以处理的数据,但我国自主研发的农业传感器数量不到世界的 10%,感知系统灵敏度不高,普遍应用的感知技术图像信息采集,高性价比的接触式(植入式)感知技术设备还普遍缺乏。

第三,数据共享流通不畅形成应用瓶颈。采集的数据越多、越完整,模型预测的准确率越高、效益越好。当前,多数智慧农业项目热衷于开展以"可视化"大屏幕为代表的大数据平台建设。然而,通过大屏幕展现的数据在准确性、及时性、全面性上往往不尽人意。由于缺乏有效的数据流通机制,数据整合程度与数据标准化程度低,造成分散在不同环节的数据形成"孤岛",难以得到有效开发利用。同时,农业数据采集覆盖面不足,缺乏准确性与权威性,使得模型系统难以有效发挥作用。

第四,农户意愿普遍不强形成推广瓶颈。智慧农业在建设初期需要一定的投入,短期内难以收回成本,农产品价格受各方面影响存在波动,获得收益也存在较大不确定性,导致农户参与智慧农业的主动性总体不高。同时,农户受教育程度有限,使用数字技术的能力有限,更缺少既懂农业又懂技术的复合型人才,一定程度上制约了智慧农业发展。

推动智慧农业发展,宜充分考虑我国农业发展的基本条件,立足我国智慧农业发展的初级阶段,积极推动布局完善我国农业数字化产业链,加快探索适合我国智慧农业发展的有效路径。

第一,强化顶层设计,探索适合我国实际的智慧农业发展模式。立足小农发展的基本现状,充分考虑我国人多地少、零散分布的特殊情况,积极探索适合分散部署、经济性好的智慧农业发展模式。可先以提高销售额、辅助农业生产决策等促进经营主体增收的智慧农业应用为切入点,逐步向农业生产领域延伸,实现对农业研发、生产、加工、销售的全流程覆盖。

第二,加强政策引导,持续提升智慧农业发展的关键技术能力。加大对智慧农业领域关键技术的支持力度,对于涉及的农业管理软件、作物生长模型、动植物感知技术等产业链关键环节加大政策和资金支持力度,强化方向引导。发挥应用对智慧农业技术研发的牵引作用,积极支持关键技术转化。以市场应用、成果实际转化为考核依据,引导更高质量的科技研发。

第三,完善体制机制,建立与智慧农业集约高效发展相适应的管理制度。加快推动完善数据管理制度,进一步支持气象、地理、作物等农业生产领域基础数据开放共享。积极推动农业大数据标准统一并普及推广。稳步推进农业生产体系适度规模化经营,培育发展家庭农场,健全激励机制,进一步构建有利于提升智慧农业技术应用的基础环境条件。

第四,促进协同对接,积极构建产学研用多方联动的发展格局。强化科技研发、投资信贷机构、广大农户、经销商、消费者等多方对接机制,确保技术研发与实际需求精准对接。积极发展智慧农业领域新模式新业态,探索通过数字农业服务外包形式替代一次性设备的采购投入,逐步培养广大生产经营主体的使用习惯。鼓励发展订单农业、农牧业认养监控等,通过多方分担成本的方式拓展智慧农业发展空间。

第五,优化人才队伍,不断提升从业者和各类主体的数字技能。积极推动农民的职业化经营,鼓励农业龙头企业加大与广大农户的合作机制,开展培训帮扶、强化利益联结,促进农民接受智慧农业的发展理念。加大对农业与信息学科交叉型人才培养力度,鼓励相关人才积极投身智慧农业建设发展。

36. 为什么要深入实施智能制造工程?

习近平总书记强调,"要以智能制造为主攻方向推动产业技术变革和优化升级,推动制造业产业模式和企业形态根本性转变"[①]。智能制造是基于新一代信息技术与先进制造技术深度融合,贯穿于设计、生产、管理、服务等制造活动各个环节,具有自感知、自决策、自执行、自适应、自学习等特征,旨在提高制造业质量、效益和核心竞争力的先进生产方式。《"十四五"数字经济发展规划》提出,深入实施智能制造工程,大力推动装备数字化,开展智能制造试点示范专项行动,完善国家智能制造标准体系。培育推广个性化定制、网络化协同等新模式。对此,我们可以从三个方面加深认识和

---

① 习近平:《在中国科学院第十九次院士大会、中国工程院第十四次院士大会上的讲话》,人民出版社2018年版,第10页。

把握。

第一,智能制造是加快制造业数字化转型,抢占全球制造业竞争制高点的主攻方向。当今世界正经历百年未有之大变局,国际环境日趋复杂,全球科技和产业竞争更趋激烈,大国战略博弈进一步聚焦制造业,世界制造强国纷纷推进制造业向智能化转型。美国"先进制造业美国领导力战略"、德国"国家工业战略2030"、日本"社会5.0"等以制造业为核心的发展战略,均将智能制造作为重要方向之一,力图抢占全球制造业新一轮竞争制高点。我国高度重视智能制造发展,持续推进制造业数字化转型、网络化协同、智能化变革,为促进制造业高质量发展,推进数字经济发展提供有力支撑。

第二,智能制造是提升供给体系适配性,推动构建新发展格局的重要抓手。我国制造业发展面临供给与市场需求适配性不高、产业链供应链稳定性不足的局面。一方面,推动智能制造,有助于重构制造业研发、生产、管理和服务等各个环节,牵引生产和服务体系智能化升级,促进产业链、价值链延伸拓展,带动产业向中高端迈进。另一方面,推动智能制造,有利于推动企业打通消费与生产、供应与制造、产品与服务间的数据流和业务流,加强与互联网企业、金融机构跨界合作,能够实现跨行业生产主体的融合协作、跨地域生产资源的集成共享,有效提升国内大循环的效率,在全球范围内推动产业的协同合作和优化升级,提升产业链供应链现代化水平。

第三,智能制造是发展壮大战略性新兴产业,加快形成现代产业体系的重要手段。一方面,推进智能制造,不断提高制造业产品、装备、工艺、管理、服务的智能化水平,无人驾驶汽车、无人飞机、数控机床、智能机器人、可穿戴设备等高度智能化产品不断涌现,产业化步伐不断加快,带动工业机器人、增材制造、工业软件等新兴产业发展。另一方面,推进智能制造,还能促进农业、交通、物流、医疗等领域数字化转型、智能化变革。新一代信息技术向各领域的渗透融合,不仅使智能制造成为新型生产方式,也催生了许多新业态和新模式,产业之间的界限日渐模糊,生产者和消费者之间联系更加紧密,融合发展成为产业发展的重要趋势,持续推动数字经济网络化、智能化、服务化、协同化发展,从而不断形成发展新动能和经济新增长点。

近年来,随着新一代信息技术与制造业不断深度融合,我国智能制造发展取得了显著成效。一是供给能力不断提升,智能制造装备国内市场满足率超过50%,主营业务收入超10亿元的系统解决方案供应商达43家。二是支撑体系逐步完善,构建了国际先行的标准体系,发布国家标准285项,牵头制定国际标准28项,培育具有行业和区域影响力的工业互联网平台150余个。三是推广应用成效明显,试点示范项目生产效率平均提高45个百分点、产品研制周期平均缩短35%、产品不良品率平均降低35个百分点,涌现出网络协同制造、大规模个性化定制、远程运维服务等新模式新业态。

与此同时,与制造业高质量发展的要求相比,我国智能制造发展仍存在供给体系适配性不高、创新能力不强、应用深度广度不够等突出问题。下一步,应针对性地做到"三个加强",即加强系统创新,增强技术、装备、解决方案自主供给能力;加强场景示范,聚焦企业、行业、区域转型升级需要,围绕车间、工厂、供应链构建智能制造系统,开展多场景、全链条、多层次应用示范;加强模式转型,培育推广智能制造新模式。

37. 为什么要推进服务业数字化转型?

《"十四五"数字经济发展规划》指出,全面加快商贸、物流、金融等服务业数字化转型,优化管理体系和服务模式,提高服务业的品质与效益。服务业不仅是国民经济的"压舱石",也是促进传统产业转型升级的"助推器",还是推动新经济、新动能加速成长的"孵化器"。在现代信息技术的推动下,基于大数据、云计算、物联网、人工智能的服务应用和创新日趋活跃,加快推进服务业数字化转型,激发更多服务消费和新兴场景,对满足人民群众多样化个性化需求、推动服务业转型升级和经济高质量发展意义重大。

第一,服务业数字化转型有利于引领数字化消费方式全面升级。当前,我国消费市场正处于个性化、高端化的发展阶段,消费规模快速增长,服务型消费需求持续提升。一方面,一些服务业企业加快数字化转型步伐,创新体验式、沉浸式消费等新型消费模式和消费场景,满足消费者碎片化和个性化消费需求,提升消费者体验感和幸福感。例如,在新冠肺炎疫情延宕反复的背景下,以网络购物、直播和数字文化等为代表的数字消费新场景不断涌现,在居民日常消费过程中的地位日益重要,给人们带来更好服务和更多便利。另一方面,一些服务业企业加快数字化转型步伐,通过开发升级数字产品和智慧化服务,增加消费者触点,加速释放消费潜力。例如,在相关部委推动之下,微信、支付宝、淘宝、抖音等热门 APP 纷纷推出"长辈版""关怀版",加速释放银发人群的消费潜力。

第二,服务业数字化转型有利于驱动服务业发展方式深刻变革。传统生活服务业主要依靠劳动力投入和人力资本积累,技术进步缓慢,效率不高。推动服务业数字化转型,一方面,能够将数据作为核心生产要素加入到服务活动中,并与劳动、资本、土地等其他生产要素进行融合、重组、迭代和优化,形成全新的价值创造方式,带动服务业边际效率改善和全要素生产率提升;另一方面,有利于线下服务和线上服务融合发展,拓展客户群体范围,使服务集聚的资源和用户市场呈几何级增长,依靠网络效应和规模经济等转变传统服务业发展方式。

第三,服务业数字化转型有利于打造服务经济增长新动能。服务业数字化转型后,更易于与其他业态相结合,呈现出发展速度快、产业生态多样、应用牵引广泛等特点,从而不断孕育经济发展新动能。一方面,数字化转型显著拉动服务业增长。2020年,我国服务业、工业和农业三大产业企业数字化转型对企业增加值的贡献份额分别是15.47%、12.89%、4.69%,数字化转型对服务业的拉动作用比工业、农业都明显。另一方面,数字化转型引领现代服务业提质扩容。通过数字技术与现代服务业的深度融合,不仅带动科技服务、软件和信息服务、金融服务、现代物流等生产性服务业创新发展,加快向专业化和高端化延伸,还促进餐饮、旅游、康养等生活性服务业加快线上线下融合发展,催生数字康养、数字旅游、无人配送、扫码点餐等新模式新业态,为服务经济发展注入新动能。

第四,服务业数字化转型对于带动就业具有积极作用。服务业快速发展,对就业的吸纳能力不断增强,已经成为我国承载就业的主要行业。加快服务业数字化转型,将进一步拓宽就业渠道,有助于释放就业潜力,特别是能为不同教育水平和能力水平的就业者提供更多岗位,增强稳就业的"蓄水池"功能。共享经济、平台经济的创新孵化了大批创业公司,催生了外卖员、快递员、网约车司机等新就业形态,社交电商、网络直播等多样化的自主就业新个体,以及依托于各类众包平台进行副业创新的微经济。截至2021年底,我国灵活就业人数达2亿人。加快服务业数字化转型,将进一步释放服务业吸纳就业的红利,催生更多新的就业岗位,为劳动者就业提供更多选择和更大空间。

38. 什么是平台企业与产业园区联合运营模式?

《"十四五"数字经济发展规划》提出,积极探索平台企业与产业园区联合运营模式,丰富技术、数据、平台、供应链等服务供给,提升线上线下相结合的资源共享水平。平台企业与产业园区联合运营是数字化时代产业园区的一种新型运营管理模式,是在确保安全可控的前提下,依托互联网平台,聚焦园区数字化转型需求,统筹平台企业、园区管理者、信息技术服务企业、园区开发商等多方力量,建立健全风险共担、利益共享、价值共创的合作机制,形成"政府引导、平台企业主导、多方参与、专业运营"的长效数字化运营模式,为园区提高数字化管理服务水平、促进资源要素集聚、推动产业转型升级持续赋能。

探索推动平台企业与产业园区联合运营,具有三个方面的重要意义。

第一,显著提升园区服务能力。平台企业与产业园区联合运营,有利于整合各方优势资源、创新要素,丰富技术、数据、平台、供应链等服务供给,打造集政策咨询、技术支持、资本运作、精准招商、培训辅导、品牌运营等于一体的产业综合服务生态。

第二,持续增强园区产业集聚效应。平台企业与产业园区联合运营,有利于加快优质资源的数字化改造、在线化汇聚和平台化共享,发挥链主企业聚合带动效应,吸引解决方案提供商、"独角兽"企业、"瞪羚"企业等各类数字经济主体入驻园区,大大拓宽园区对产业链、创新主体的聚合功能,推动产业链培育、产业集群化发展。

第三,高效变革园区治理方式。通过平台企业与产业园区联合运营,建立"园区大脑"综合管理平台,形成集态势感知、运行监测、科学决策、能源监测等多功能为一体的智慧园区综合管理平台体系,提高主管部门对园区实时监控、精准管理能力。

经过近年来的探索发展,目前平台企业与产业园区联合运营大致可以分为三种类型。

一是园区管委会主导型。该类型由产业园区管委会主导,平台企业承担平台建设运营工作。园区管委会出于园区管理和服务需要,采购数字化平台建设运营服务,并对平台服务进行全过程管理。例如,一些工业园区联合工业互联网平台企业搭建了园区管理服务平台,汇聚园区创新、招商、企服、资金等资源,推动园区企业上平台、用服务,形成集精细管理、精准服务、高效决策等于一体的园区"大脑",为园区数字化发展充分赋能。

二是平台企业主导型。该类型由平台企业投资建设运营,导入平台企业的技术、服务、供应链、品牌等资源,赋能产业园区数字化转型,并进一步助力园区在产业高端化、集群化、绿色化等方面的系统能力提升。该种模式下,平台企业能够充分发挥技术领先的解决方案、丰富多样的产业资源、聚合力强的生态构建能力等方面的优势,赋能园区数字化运营,带动园区产业链现代化发展。例如,辽宁、河南、福建、四川、湖南、吉林、广东等多地与平台企业联合打造数字经济产业园,建立园区一体化产业运营服务平台,面向园区企业开放平台企业优势资源,形成"线上+线下"产品和服务体系,显著提升当地数字产业化发展能力。

三是园区运营公司主导、平台企业参与型。该类型由产业园区成立国有独资或控股公司,承担园区开发和运营工作,同时联合平台企业参与园区数字化建设。该种模式下,既能保证园区公司对园区的管理权和决策权,保障园区可持续运营和产业安全,也能更灵活地发挥平台企业技术优势,服务园区从服务到产业的数字化整体转型。例如,苏州工业园区通过此类经营模式,投资建设了知识产权保护中心、IC 设计、软件测试、软件培训、互联网数据中心等公共服务平台,推动成立了产业创新集群服务方阵,通过整合各类服务商资源,培育形成一批数字化转型解决方案,为园区企业提供从咨询、诊断、规划到实施的一体化、全方位转型服务。

39. 为什么要推动共享制造平台在产业集群落地和规模化发展?

《"十四五"数字经济发展规划》提出,围绕共性转型需求,推动共享制造平台在产业集群落地和规模化发展。共享制造是共享经济在生产制造领域的应用创新,是围绕生产制造各环节,运用共享理念将分散、闲置生产资源集聚起来,弹性匹配、动态共享给需求方的新模式新业态。共享制造基于数字化平台,将制造资源数字化、在线化,通过向社会分享技术、装备、服务等,促进线上、线下资源互动整合,大幅提升边际效率,促进形成具有更高生产效率、更有效分工协作的产业生态体系。产业集群具有产业要素集聚、协同需求急迫等特点,是共享制造平台场景最丰富、应用空间最广阔的重要载体。加快共享制造平台在产业集群落地和规模化发展,有利于创新资源配置方式,提高供给质量,推进制造、创新、服务等资源共享,带动产业集群转型升级。

第一,推动共享制造平台在产业集群落地和规模化发展,有助于提升产业集群数字化转型水平。共享制造平台将政府部门、制造商、解决方案提供商、硬件供应商、金融机构,以及越来越多的社会参与者连接在一起,形成了超大规模分工协作、价值共享的综合服务生态系统。推动共享制造平台在产业集群的创新应用,为支撑企业转型升级、集群协作共赢提供综合服务体系,有利于加快传统企业改造,为研发、生产、管理、服务等环节引入新技术、新管理、新模式,提升企业数字化、网络化、智能化水平;有利于集群资源要素数字化、产业数据共享化、创新服务集约化,进而加速产业集群质量变革、效率变革、动力变革。

第二,推动共享制造平台在产业集群落地和规模化发展,有助于推动产业集群发展方式转变。共享制造平台具有跨区域性、跨产业性、开放灵活性、信息共享性和企业分散性特征,能够极大地突破空间局限,实现跨区域协作的虚拟创新环境,提高信息共享与创新合作效率,更广范围汲取优势产业资源向平台集聚,更高效率引导优势产业资源向本地流动,推动产业集群发展从物理空间向"虚实融合"的数字空间拓展,形成更广泛的跨主体、跨区域、协同化的新型发展模式。

第三,推动共享制造平台在产业集群落地和规模化发展,有助于形成制造业共享经济规模化效应。共享制造以研发、生产、管理等环节的资源供需撮合为突破口,以大规模一体化生产能力分享平台为依托,实现对产业链上下游产能、生产装备等资源的实时监测、统一调度和供需匹配,从而最大化地发挥了互联网对于资源的统筹整合能力,加快构建资源共享、业务协同、互利共赢的新型产业分工体系,带动产业链上下游中小企业协同发展。

目前看,共享制造平台在产业集群落地和规模化发展,主要有三种发展模式。一是制造能力共享。即面向企业共性制造需求,提供生产设备、专用工具、生产线等制造资源共享服务。二是创新能力共享。即面向企业灵活多样且低成本的创新需求,提供产品设计与开发能力等智力资源共享,以及科研仪器设备与实验能力共享等服务。三是服务能力共享。主要围绕物流仓储、产品检测、设备维护、验货验厂、供应链管理、数据存储与分析等企业普遍存在的共性需求的提供能力。

下一步,加快推进共享制造平台在产业集群落地和规模化发展,可以在三个方面持续发力。一是要探索建设示范应用样板。面向基础条件好和需求迫切的产业集群,遴选一批示范带动作用强、可复制可推广的共享制造示范平台和项目,进一步推动共享制造在不同集群的深度应用和创新发展。二是要培育产业集群应用生态。探索产业集群高效共享机制,推动高等院校、科研院所、企业、服务机构等多方主体开展合作,协商形成资源调配、要素共享、利益分享的有效机制,完善共享过程中的知识产权保护、数据安全保障等方面的制度,确保集群内形成良好的共享生态。三是要夯实产业集群应用基础。推动资源、系统、设备和产品上云,引导企业开展制造能力在线发布、供需信息实时对接等业务,实现跨企业的制造资源配置优化。

40. 如何理解发展跨越物理边界的"虚拟"产业园区和产业集群?

《"十四五"数字经济发展规划》提出,探索发展跨越物理边界的"虚拟"产业园区和产业集群,加快产业资源虚拟化集聚、平台化运营和网络化协同,构建虚实结合的产业数字化新生态。"虚拟"产业集群最早指拥有各种专长的企业依托虚拟化平台提供核心能力、开展虚拟化协同运作、分享市场机遇的集合体。经过一段时期的发展,特别是以电子商务平台、软件开源平台为代表的虚拟化生产网络的发展,带动了"虚拟"产业集群的成长壮大,并日益呈现出组织接近、跨界融合、生态优化等发展特征,与传统产业园区和产业集群相比具有一定的优势,由此成为推动产业园区和产业集群数字化转型、打造数字经济产业发展新引擎的重要依托。

🔗 知识链接

"虚拟"产业集群的概念溯源

1997 年,巴西圣保罗大学、英国纽卡斯大学等 7 所大学组成的网络化研究课题组,在一项中小企业协作(Co-operation of Small and Medium-sized Enterprise,COSME)的网络系统项目研究开发了基于全球虚拟业务框架模型(Global Virtual Business,GVB),并由此提出了"虚拟"产业集群(Virtual Industry Clusters,VIC)的概念。"虚拟"产业集群最早指拥有各种专长的企业依托虚拟化平台提供核心能力、开展虚拟化协同运作、分享市场机遇的集合体。经过一段时期的发展,特别是以电子商务平台、软件开源平台为代表的虚拟化生产网络的发展,带动了"虚拟"产业集群的成长壮大。

"虚拟"产业集群代表着数字经济时代产业特征,具有超越传统产业集群的优越性。随着感知、通信、计算、控制等技术的快速演进,虚拟网络平台汇聚产业主体、产业要素、产业设施等方面的能力持续增强,越来越多的具有产业链和价值链内在联系的企业和机构在网络平台的推动下,不局限于同一地理区域、基于一定契约和规则加速"在线"集聚。其特点优势表现在三个方面。一是"组织接近"实现"虚拟"产业集群在线集聚。"组织接近"是"虚拟"产业集群形成的动力来源,主要通过资源共享、产业链分工、供应链链接等方式,推动企业围绕共同利益向虚拟化集群空间集聚,并明显突破传统产业集群的地理限制。二是"跨界融合"推动形成按需产业组织方式。"虚拟"产业集群以虚拟网络平台为依托,以数字化供应链为主线对订单、产能、渠道等资源供需进行撮合,实施产业链上下游、产供销、供应链、跨产业链等全流程资源的实时监测、统一调度和需求匹配,使生产活动突破市场半径和企业边界的约束,按照动态需求组织柔性生产。三是"生态优化"放大虚拟化生产的边际价值。"虚拟"产业集群通过功能模块化、企业虚拟化、运营社区化的平台基础设施建设,将制造商、解决方案提供商、硬件供应商,以及越来越多的社会参与者连接在一起,形成超大规模分工协作、价值共享、利益分成的产业生态系统,实现以价值网和资源共享能力为核心的范围经济优化升级。

当前,"虚拟"产业集群数量和发展速度均快速提升,"虚拟"产业集群向线下延伸,实体园区或集群虚拟化发展,为"虚拟"产业集群发展壮大提供了新动力。"虚拟"产业集群规模化发展进程加快,日益成为传统实体园区或集群数字化转型的重要方向。一方面,随着产业日益向创新驱动、平台支撑、服务增值方向转变,市场不再要求产业地理集中产生规模价值,而是通过产业主体分散分布,在更广范围汇聚创新资源、更高效率推动服务创新、更快捷响应用户需求,这使得电子商务、软件服务、数字服务、餐饮外卖、共享出行、在线旅游等各类以线下资源汇聚、线上精准配置服务为核心价值的平台加快产业化、集群化发展。另一方面,越来越多的线下实体集群(园区)正通过建设支撑实体产业与"虚拟"产业融合发展的多样化数字平台,促进集群(园区)资源要素数字化、产业数据共享化、产业分工专业化、创新服务集约化、平台治理协同化,摆脱地理空间约束,构建数字产业链,推动更广范围的优势产业资源集聚。

在快速发展的同时,"虚拟"产业集群仍存在诸多发展局限,需在协同机制建设、生态互促共进、基础技术支撑等方面加以提升。"虚拟"产业集群不依赖于地理集聚,无法形成空间规模经济,与传统 GDP 考核制度下地方经济集聚发展要求不相匹配;"虚拟"产业集群的"组织接近"机制使得集群成员进入和退出门槛低,动态流动性强,合作关系松散,协调成本较高,集群运营的不稳定性和复杂性较大。

推进"虚拟"产业园区和产业集群升级发展,应考虑从以下三个方面入手。一是提升"虚拟"园区和产业集群治理能力。鼓励行业领军人才、龙头企业和各类机构成员代表等共同组建治理机构,建立常态化、制度化治理机制,促进集群内企业交流合作,规范集群企业市场行为,增强集群企业协同创新能力,推动集群整体效率提升。二是提升网络化协同创新能力。引导集群内企业形成学习交流、信息共享等机制,促进创新要素的自由流动,加快集群内部知识扩散和技术外溢,推动产业发展从单一线性的个体创新向网络化的集群创新转变,提升整体创新效率与效果。三是夯实"虚拟"园区和产业集群基础支撑。依托 5G、大数据、云计算等新一代信息技术,加强"虚拟"产业园和产业集群基础设施建设,推动产业集群成员之间的软硬件标准化,支撑"虚拟"产业集群成员之间的协同合作。

41. 如何理解培育转型支撑服务生态?

《"十四五"数字经济发展规划》从培育推广数字化解决方案、发展第三方服务机构、建设数字化转型促进中心等角度进行部署,培育转型支撑服务生态。当前,企业数字化转型"不会转""不能转""不敢转"问题突出,反映出我国数字化转型服务存在诸多短板,无法为企业转型提供技术、人才、资金、方案等多维度全方位支持。加快建设转型支撑服务生态,培育发展平台服务商、解决方案提供商、技术研发机构、管理咨询机构、金融机构等多类服务主体,探索个性化、定制化数字化转型方法和路径,通过系统集成和服务协同统筹推进企业、产业链、产业生态数字化转型意义重大。

培育多主体参与的转型支撑服务生态,有助于发挥统筹合力,引导企业数字化转型从"让我转"向"我要转"转变。由于数字化转型技术挑战强、业务再造难、转换成本高、短期收益低、试错风险大,企业普遍面临基础差、门槛高"能力两难"造成的"不会转",成本高、贷款难"资金两难"造成的"不能转",周期长、协同差"效益两难"造成的"不敢转"等难点问题,严重缺乏数字化转型的内生动力。相关研究显示,我国企业数字化转型比例约25%,远低于欧洲的46%和美国的54%,超过55%的企业尚未完成基础的设备数字化改造,应用信息技术实现业务集成比例不足20%。培育多主体参与的转型支撑服务生态,构建"中央部委—地方政府—平台企业—行业龙头企业—行业协会—服务机构—中小微企业"联合推进机制,有助于从技术支持、服务集成、路径引导等方面体系化、整体性帮扶企业数字化转型,以服务合力激发企业主动推动转型的内生动力。一是强化技术支持,发挥平台企业、信息技术服务商等主体的技术和工具服务优势,通过"轻量应用""微服务"推动企业低成本、低门槛部署转型基础设施。二是强化服务集成,提供数字化转型所需的转型咨询、人才培训、技术输出、成果转化、协同创新等一体化、全链条公共服务,系统解决企业转型难题。三是强化路径引导,发挥咨询、评估、培训等机构优势,加大企业转型实施路径指导。

培育以数字化转型促进中心为核心载体的转型支撑服务生态,有助于发挥转型促进中心集成服务优势,形成赋能产业转型的规模化效应。产业数字化转型与产业基础、行业特色、业务流程、发展需求等紧密相关,是复杂的系统工程,且不同产业数字化转型的路径和方法既有共性也有特性。当前,适用于全行业转型的普适性方案多、行业专用特色化方案少,单点单环节应用方案多、系统化一体化集成方案少,项目交付式方案多、合作运维式方案少等供需不适配问题突出。市场上占有绝大部分比例的通用型解决方案,无法满足企业、行业的个性化、一体化的数字化转型需求。培育以数字化转型促进中心为核心载体的转型支撑服务生态,能够发挥转型促进中心的协同机制,在协同创新、示范推广、精准对接等方面发挥特色优势,提升产业数字化转型整体效能。一是发挥行业专用方案协同创新优势,集聚行业龙头企业、平台企业等各方力量,建设综合测试验证环境,加强行业共性解决方案研发。二是发挥行业数字化转型示范推广优势,依托转型促进中心,提供数字化转型公共服务,加大示范性转型方案推广普及。三是发挥成熟解决方案供需精准对接优势,依托转型促进中心,衔接集聚各类资源,打通解决方案供需渠道。

培育多领域协同的转型支撑服务生态,有助于打通产业融通渠道,推动全域数字化转型向更高阶段迈进。随着数字化转型向产业全环节、全链条、全周期、全价值链延伸拓展,各产业链条重构、模式重塑、结构重组、边界消融等发展态势显现,以数字化平台为中心的产业横向、纵向整合步伐加快,将日益向融合硬件与软件、内容与终端、应用与服务的产业融通化、生态化发展。这一过程,也将引发各产业在技术、数据、业务等方面的一系列融通矛盾,拖累数字化转型发展步伐。加快推动多领域的转型支撑服务生态建设,有助于以转型服务为主线、链接各领域服务主体、以转型方案为牵引,先行打通产业融通的渠道和机制,从而有力支撑数字化转型全面升级。一是助力推动数据驱动的融通发展,依托服务生态开放产业数据资源和工具,扩大跨产业链、跨平台数据流通和协作范围,以数据流带动产业要素整合和融通发展。二是助力推动平台支撑的融通发展,依托服务生态打造产业互联网平台,加快产业资源虚拟化集聚、平台化运营和网络化协同,培育协同设计、网络化制造、敏捷供应链、共享制造、供应链金融等融通发展新模式。三是助力推动供应链协同的融通发展,依托服务生态协同推进供应链要素数据化和数据要素供应链化,引导打造"研发+生产+供应链"的数字化产业链,支持产业以数字供应链打造生态圈。

七、加快推动数字产业化

42. 为什么要增强关键技术创新能力?

习近平总书记强调,"要面向世界科技前沿、面向经济主战场、面向国家重大需求、面向人民生命健康,加强基础研究和应用基础研究,打好关键核心技术攻坚战,加速科技成果向现实生产力转化,提升产业链水平,为确保全国产业链供应链稳定多作新贡献"[①]。《"十四五"数字经济发展规划》提出,增强关键技术创新能力。新一轮科技革命和产业变革发展背景下,数字技术发展呈现群体突破、快速迭代、系统变革的态势,传感器、网络通信、集成电路、关键软件等领域核心技术战略地位显著提升,量子信息、大数据、人工智能、区块链等新兴技术引领科技前沿方向,关键技术创新能力日益成为影响和改变数字产业乃至数字经济发展格局的关键力量。为推动我国数字产业高质量发展,抢抓发展机遇,积极应对风险挑战,应围绕贯彻落实"打好关键核心技术攻坚战"的战略部署,在关键数字技术创新上更有作为。

第一,增强关键技术创新能力,是把握新一轮科技革命和产业变革机遇、

---

① 习近平:《在浦东开发开放30周年庆祝大会上的讲话》,《人民日报》2020年11月13日。

打造数字经济竞争新优势的必然选择。当前,数字技术日益成为国家竞争焦点和战略必争领域。世界各国不断强化数字技术领域的顶层设计和战略部署,持续加大技术应用创新投入,力图在新的竞争格局中抢占先机、赢得主动。增强关键数字技术创新能力,夯实技术和产业发展基础支撑,抢占技术先发优势和制高点,有助于将数字经济竞争和发展的主动权牢牢掌握在自己手中,下好先手棋、打好主动仗;同时更好地参与国际科技和产业合作,为全球数字经济技术发展和产业进步贡献更多中国智慧。

第二,增强关键技术创新能力,是保障数字产业链供应链安全、支撑数字经济高质量发展的客观要求。长期以来,我国发挥超大规模市场优势和完备产业体系优势,实现数字经济快速发展,在全球数字产业链供应链中占据重要地位。但要深刻认识到,我国数字关键技术创新能力还不完全适应数字经济高质量发展要求,基础研究和原始创新能力不强,高端通用芯片、基础电子元器件、关键软件、核心算法等领域对外依存度较高的局面尚未从根本上改变。随着国际环境深刻变化带来的数字技术"断供"、数字产业链重构、供应链分化等重大挑战,增强关键数字技术创新能力的战略性地位显著提升。我们要牢牢牵住关键数字技术自主创新这个"牛鼻子",统筹各方力量,构建适应关键数字技术特点的创新体系,着力突破关键领域和瓶颈环节,为构建创新能力更强、附加值更高、更安全可靠的产业链供应链,实现更多依靠创新驱动的内涵型增长提供强有力的支撑。

第三,增强关键技术创新能力,是催生新发展动能、构建新发展格局的关键举措。习近平总书记强调,要以科技创新催生新发展动能。当前,我国已进入高质量发展阶段,社会主要矛盾已经转化为人民日益增长的美好生活需要和不平衡不充分的发展之间的矛盾,人民对美好生活的要求不断提高,给关键数字技术创新带来了新机遇也提出了更高要求。增强关键技术创新能力,充分发挥我国海量数据资源、广阔市场空间和丰富应用场景优势,推动新技术大规模快速应用和迭代升级,加速创新成果向现实生产力转化,有助于提高供给体系对国内需求的适配性,形成需求牵引供给、供给创造需求的更高水平动态平衡。同时,高水平供给也将进一步向全球输出更多高品质商品和要素,推动我国经济与世界经济形成更紧密的联系,从而助力建成更高水平的国内国际双循环发展格局。

"十四五"时期,要着力提升关键技术创新能力,推动关键技术自立自强对打造数字经济竞争新优势、服务数字经济高质量发展、构建新发展格局形成重要的战略支撑。

一是提高数字技术基础研发能力。加强对数字技术领域发展趋势的跟踪研判,超前谋划部署,对下一代通信技术、量子信息、神经芯片、类脑智能、DNA存储、第三代半导体等前沿技术长期持续研究给予稳定的资源保障。强化国家科技战略力量,在高端通用芯片、基础元器件、基础软件、工业软件、核心算法和框架等关键领域形成战略性基础研究布局,制定攻关时间表和路线图,实施"揭榜挂帅"机制,实现重点突破。通过财税金融政策创新等,进一步激励企业和社会资本加大基础研究投入。

二是推动数字技术与各领域融合创新。围绕融合应用市场需求,构建应用牵引的项目凝练和设计机制,推动5G、物联网、云计算、大数据、人工智能、区块链等新兴技术应用创新和行业扩散。支持企业联合科研院校、产业服务机构、用户单位等多方主体共同组成新型研发机构、创新联合体,建立多元化参与、网络化协同、市场化运作机制,加大在智能制造、数字孪生、城市大脑、边缘计算等融合技术领域创新投入和项目实施。

三是积极营造协同开放的创新生态。围绕产业链部署创新链,推动技术创新中心、产业创新中心及重点企业技术中心等技术创新平台协同发展,打通贯穿基础研究、技术研发、中试熟化与产业化全过程的创新链,构建完善的创新体系。支持具有自主核心技术的开源社区、开源平台、开源项目发展,支持企业参与开源创新活动、加强基于开源的二次开发与应用,并进一步向国际开放,最大限度吸纳国际创新力量。

43. 怎样才能发挥好我国社会主义制度优势、新型举国体制优势、超大规模市场优势增强关键技术创新能力?

习近平总书记指出,要牵住数字关键核心技术自主创新这个"牛鼻子",发挥我国社会主义制度优势、新型举国体制优势、超大规模市场优势,提高数字技术基础研发能力,打好关键核心技术攻坚战,尽快实现高水平自立自强,把发展数字经济自主权牢牢掌握在自己手中。①《"十四五"数字经济发展规划》提出,瞄准传感器、量子信息、网络通信、集成电路、关键软件、大数据、人工智能、区块链、新材料等战略性前瞻性领域,发挥我国社会主义制度优势、新型举国体制优势、超大规模市场优势,提高数字技术基础研发能力。构建社会主义市场经济条件下新型举国体制,整合优化科技资源,把集中力量办大事的制度优势、超大规模的市场优势与发挥市场在资源配置中的决定性作用结合起来,对于加快突破关键基础技术、提高创新体系整体效能、打好关键核心技术攻坚战具有重要意义。

一方面,发挥中国特色社会主义制度优势、构建新型举国体制,有利于形成集中力量办大事的关键技术创新合力。当前,数字技术正处于系统创新、群体突破和深度融合的重大变革期,重大基础性、战略性和前沿性创新单靠企业和市场承担挑战较大,技术创新面临的共性和普遍性问题需要政府创造条件积极解决。中国特色社会主义制度具有强大的组织动员能力、统筹协调能力、贯彻执行能力,在集中力量办大事方面能够全国一盘棋,并通过新型举国体制

① 习近平:《不断做强做优做大我国数字经济》,《求是》2022年第2期。

调动政府力量和市场力量协同发力,充分调动和发挥各方积极性、主动性、创造性,左右协同、上下联动,形成关键技术创新强大合力。

另一方面,发挥我国超大规模市场优势,有利于激发更多元化、更可持续的关键技术创新活力。习近平总书记指出:"中国经济是一片大海,而不是一个小池塘。"①数字技术创新具有突出的市场牵引、迭代演进特点,与市场应用需求紧密衔接,并通过多元主体应用推动技术基础能力积累、短板补足和创新迭代。超大规模市场提供了广阔的消费需求、丰富的应用场景和大量的试错机会,带给关键技术创新以强大的需求激励,集聚了丰富的优质劳动力资源和大量的资金供给,更能吸引更多优秀国际创新资源向我国汇聚,从而更好激发关键技术创新。

更好发挥我国社会主义制度优势、新型举国体制优势、超大规模市场优势,需要从以下几个方面来深入实施。

第一,发挥社会主义集中力量办大事的制度优势,强化国家战略科技力量,推动创新"国家队"建设,增强战略性任务的创新统筹能力。新建或重组数字技术方向国家重点实验室,创新组织机制,加强基础研究和原始创新,聚焦战略前沿领域实施一批重大创新项目,支撑重要领域前沿突破。聚焦战略前沿和"卡脖子"领域,建立战略性创新决策机制,形成关键技术攻关国家统筹布局,自上而下推动战略性任务的创新决策和实施。优化国家创新基地布局,加强国家技术创新中心、国家工程研究中心、国家制造业创新中心等基地建设,推进科研院所、高校和企业科研力量资源优化配置和开放共享。

第二,构建新型举国体制,形成新发展阶段、新发展格局下集中力量办大事的协同机制。推动跨部门协同,制定实施多技术领域、多部门协同攻关方案,系统整合资金、技术、平台、人才等创新资源。推动产学研用协同,推进创

---

① 习近平:《共建创新包容的开放型世界经济——在首届中国国际进口博览会开幕式上的主旨演讲》,《人民日报》2018 年 11 月 6 日。

新链、产业链、资金链、政策链建设,加快关键技术攻关成果向市场应用推广。完善创新成果权益分享机制,推动建立线上线下相结合的技术成果交易体系,促进技术要素跨区域流动,加快技术创新成果市场转化。

第三,发挥超大规模市场牵引作用,推进创新要素优化配置,充分挖掘丰富应用场景潜能。聚焦市场需求,加强前瞻性应用场景设计,推动关键技术攻关和集成创新部署,推动在重大应用场景的试点应用。优化人才要素配置机制,健全以创新能力、质量、实效、贡献为导向的人才评价体系,打通高校、科研院所与企业人才流动通道,充分激发人才创新活力。优化资金要素配置机制,分阶段对创新主体投入创新给予支持,通过税收优惠、融资贷款、基金投资等方式,提高各类主体在关键技术攻关方面的积极性和主动性。

第四,强化企业创新主体地位,更好发挥企业直面市场、掌握需求优势,促进各类创新要素向企业集聚。推动企业提高对关键技术领域国家科技计划、重大专项等的决策参与度,支持企业承担重大技术攻关项目,使企业真正成为技术创新决策、研发投入、科研组织实施和成果转化的主体。完善以企业需求为导向、重大应用场景为驱动的关键技术创新项目形成机制,提升企业等技术需求方在创新决策中的参与度。确立企业在关键技术攻关中的主体地位,以共同利益为纽带、市场机制为保障,支持有条件的领军企业联合行业上下游、产学研力量,组建体系化、任务型的创新联合体。

44. 新型研发机构、企业创新联合体等新型创新主体对于增强关键技术创新能力主要发挥什么作用?

《"十四五"数字经济发展规划》提出,鼓励发展新型研发机构、企业创新联合体等新型创新主体,打造多元化参与、网络化协同、市场化运作的创新生态体系。当前,新一轮科技革命和产业变革深入发展,关键数字技术群体突破和跨界融合态势凸显,引发创新周期大幅缩短、创新范式深刻变革,市场配置作用和企业创新主体地位的重要性日益突出。新型创新主体是应对数字关键技术创新变革、强化企业创新主体地位、更好发挥市场在资源配置中的决定性作用的重大创新举措,是面向技术突破和发展需求,推动企业、高等院校、科研院所等多类创新主体共同组建独立的创新组织。新型创新主体在各方协议认可的章程和制度下,以重点领域前沿技术和共性关键技术的研发供给、转移扩散和首次商业化为重点,运用现代化管理手段运营,开展创新活动并提供增值服务,具有多元化投资、现代化管理、市场化运作、用人机制灵活等特征。

第一,组建新型创新主体是适应关键数字技术创新需要、形成协同创新合力的关键举措。当前,关键数字技术发展呈现出明显的创新广度大、集成程度高、扩散范围广、迭代速度快、市场联动性强等特点,过去长期遵循的从科研项目部署到技术研发突破,再到产品产业转化的线性创新模式,这一模式已难以支撑数字技术创新的需求。组建新型创新主体,整体谋划、协同部署各类创新资源要素,打破单元、组织、区域和行业的界限,打通技术、组织、商业、资本之间的分割与壁垒,推动机制创新、模式创新和管理创新,有助于建立贯穿技术开发、转移扩散到首次商业化的全链条创新,提升创新链整体效能。

第二,由企业牵头构建新型创新主体,是提升企业技术创新能力、实现数字关键技术突破的有效组织形式。企业牵头构建新型创新主体,与大学、科研院所牵头建立的协同创新组织相比,具有对技术、资金、人才、管理、知识、数据等创新要素优化配置和持续投入的天然动力,在技术与产业快速联结、创新活动向产品快速转化方面具有天然优势,更具备开展数字技术创新的条件。企业具有把握关键数字技术发展导向的优势,依托较强的研发领导能力与抗风险能力,在组建创新联合体中能够提升整个创新链上下游企业的技术水平,推动多元创新主体进行合作研发、协同创新,形成更高水平的数字技术供给。

第三,加快构建企业主导的创新联合体,为破解基础研发与市场转化"两张皮"痼疾提供了宝贵路径。习近平总书记指出:"科研和经济联系不紧密问题,是多年来的一大痼疾。这个问题解决不好,科研和经济始终是'两张皮',科技创新效率就很难有一个大的提高。"①由企业牵头组建创新联合体是解决科研和经济"两张皮"问题的重要举措。龙头企业在整合科研机构的科研力量,建立创新联合体的过程中,通过各种长期契约安排、股权安排和彼此间的默契,结成利益共享、风险共担、要素双向或多向流动的创新攻关团队,能够大大缩短市场需求和基础研究之间的链条,提升重大研究成果和创新技术进行商业化运用的效率。

45. 如何理解面向多元化应用场景的技术融合和产品创新?

《"十四五"数字经济发展规划》提出,加强面向多元化应用场景的技术融合和产品创新。数字化应用场景是数字化转型的应用单元、成果输出和价值体现,是各类主体围绕一项或多项特定需要,运用数字技术调整业务流程、组织架构、管理服务,在多要素整合、多系统集成的基础上提供实时、定向、互动的数字化应用体验的重要载体。数字化应用场景既能为数字产品创新提供重要的需求牵引,也是新兴数字产品成熟应用和市场推广的关键载体,是新产品、新模式和新业态的孕育温床。随着数字化转型的深入推进,数字化场景应用日益复杂,需求定制、业务协同、跨系统整合等趋势明显,不仅倒逼基础支撑技术和架构加速融合升级,更进一步催生了更融合、更多样的新产品和新应用。因此,推动数字技术融合和产品创新,要发挥场景驱动效应,具体可以从以下三个方面理解。

---

① 中共中央文献研究室编:《习近平关于科技创新论述摘编》,中央文献出版社 2016 年版,第 57 页。

第一，发挥场景驱动效应，推动数字技术融合和数字产品创新加速转化，是提升供给质量与发展需求高效适配的重要途径。一方面，数字化应用场景直接面对市场、直观反映需求，是技术创新、产品服务与市场应用的直通渠道，围绕数字化应用场景的技术融合和产品创新更适应需求，在创新成果快速扩散和产业转化等方面具备更大优势。另一方面，数字化应用场景是产品直面用户、响应需求的重要实践场所，能够快速直接地形成用户反馈，推动数字产品供给根据需求变化动态调整、敏捷响应，不断提升产品稳定性、适用性和成熟度。比如，常态化疫情防控下，城市发展需求复杂性提升，"城市大脑"应用从宏观决策指挥、公共事件预警等城市治理向"一网通办"、"12345"市民热线、交通出行等方面的民生服务逐步延伸。

第二，发挥场景驱动效应，要注重挖掘数字化转型需求，聚力打造多元化数字化应用场景。一是坚持"以人为本、便民利企、急用先行"等原则，聚焦智能交通、智慧能源、智能制造、智慧农业及水利、智慧教育、智慧医疗、智慧文旅、智慧社区、智慧家居、智慧政务等数字化应用场景建设，加强统筹规划，支持各类市场主体参与应用场景开发建设。二是以基层应用为小切口，定期摸排、遴选和发布数字化应用场景需求清单，制定数字化应用场景建设相关指南，根据数据共享程度、需求紧迫性、技术就绪度等因素，分类分级有序推进场景建设。三是探索多元参与的应用场景建设模式，实施应用场景"揭榜挂帅"工程，鼓励市场主体以实验室培育、产学研合作等模式组团揭榜攻关，探索政府委托企业运行、政府搭台企业支持等多种合作模式，推动数字化应用场景持续建设。

第三，发挥场景驱动效应，要以数字化应用场景建设为根本出发点和立足点，推动技术和产品协同创新。一是以应用需求为导向，以数字技术与融合应用创新为牵引，加强以数字化应用场景为创新导向的技术决策和产品设计，引导研发主体、企业主体、用户主体等各类主体共同参与，推动相关技术产品、应用模式、商业模式和数据服务的协同创新。二是搭建场景实验室,推动科学装置、工程化平台、测试床、数据标准库等建设,推动各类创新主体围绕典型数字化应用场景,加强底层技术研发、通用算法沉淀和共性模型库建设,形成协同创新合力。三是畅通数字技术应用渠道,建立产品研发与成果转化平台,促进创新成果快速转化。四是搭建重大应用场景"监管沙盒"环境,建立容错创新机制,支持新兴技术和产品在现实环境中的安全应用和商业模式探索,通过数字技术应用"试验场"提升产品稳定性、适用性和成熟度。

46. 如何才能推动软件产业做大做强?

习近平总书记指出,要全面推进产业化、规模化应用,培育具有国际影响力的大型软件企业,重点突破关键软件,推动软件产业做大做强,提升关键软件技术创新和供给能力。① 软件和信息技术服务业是包括软件开发、集成电路设计、信息系统集成和物联网技术服务、运行维护服务、信息处理和存储支持服务、信息技术咨询服务、数字内容服务和其他信息技术服务等在内的产业。数字经济发展背景下,软件支撑制造强国、网络强国、数字中国建设的基础性、战略性地位显著提升,"软件定义"作为新一轮科技革命和产业变革的新特征与新标志,已成为驱动未来发展的重要力量。"十四五"时期,应当紧密结合软件产业高质量发展要求,强化针对性、系统性、协同性思维,以破解当前我国软件产业发展的关键问题为出发点和落脚点,系统布局、突出应用、统筹推进发展。

第一,推动软件产业链升级。加速"补短板、锻长板、优服务",提升软件产业链现代化水平。一是聚力攻坚基础软件,完善操作系统产品及配套工具集,推动操作系统与数据库、中间件、办公套件、安全软件及各类应用的集成、

① 习近平:《不断做强做优做大我国数字经济》,《求是》2022 年第 2 期。

适配、优化。二是重点突破工业软件,大力发展关键工业控制软件和行业专用工业软件,加强集成验证,形成体系化服务能力。三是协同攻关应用软件,面向重点行业领域应用需求,发展新一代软件融合应用基础设施,鼓励发展行业专用软件产品。四是前瞻布局新兴平台软件,加快培育云计算、大数据等领域具有国际竞争力的软件技术和产品,支持新型轻量化平台发展。五是积极培育嵌入式软件,面向重大装备需求,开展嵌入式软件系统研发。六是优化信息技术服务,加强典型场景算法服务,推进企业级业务管理技术创新。

第二,提升产业基础保障水平。夯实共性技术、基础资源库、基础组件等产业发展基础,强化质量标准、价值评估、知识产权等基础保障能力,推进产业基础高级化。一是加强共性技术研发,加强软件与系统工程方法等基础研究,建设基本求解算法库、组件库、通用模型库,推动基础资源开放共享。二是强化基础组件供给,推进操作系统等软件内核的研发,加快突破编程语言开发框架和新兴平台软件开发框架。三是完善质量标准体系,构建软件产业质量服务体系,完善软件产业标准体系,提升标准通用化水平。四是支撑软件价值提升,建立符合高质量发展要求的软件价值评估机制,推广软件成本度量标准,加大对软件的知识产权保护力度。

第三,强化产业创新发展能力。加强政产学研用协同攻关,做强做大创新载体,充分释放"软件定义"创新活力,加速模式创新、机制创新,构建协同联动、自主可控的产业创新体系。一是加强产学研用协同创新,建设软件产业创新平台,布局重点工程化攻关平台,建设软硬件适配中心,加快推进创新成果产业化。二是做大做强创新载体,深化软件定义,重点布局工业互联网、云计算、大数据、人工智能、自动驾驶等新兴软件定义平台,引导企业制定相关体系架构和应用规范,推动创新应用。三是推进模式与机制创新,创新软件开发、运营服务模式,建立市场化创新机制,壮大信息技术应用创新体系。

第四,激发数字化发展新需求。鼓励重点领域率先开展关键产品应用试点,推动软件与生产、分配、流通、消费等各环节深度融合,推动需求牵引供给、供给创造需求的更高水平发展。一是全面推进关键软件的重大应用,建立全生命周期服务保障能力,形成一批可复制、可推广的优秀解决方案。二是不断拓展软件在制造业各环节应用的广度和深度,打造软件定义、数据驱动、平台支撑、服务增值、智能主导的新型制造业体系。三是支持新一代信息技术在普惠金融、智慧物流、智慧城市等领域应用,培育软件与智慧社会融合发展的新模式、新应用、新业态。四是服务信息消费扩大升级,聚焦商贸、旅游等领域,加快提高电子商务、移动支付等软件产品和服务的供给能力。

第五,完善协同共享产业生态。培育壮大市场主体,加快繁荣开源生态,提高产业集聚水平,形成多元、开放、共赢、可持续的产业生态。一是推进大中小企业融通发展,培育骨干软件企业,支持软件和信息技术服务企业开展兼并重组和专业化、体系化整合,推动大中小企业深度协同。二是繁荣国内开源生态,大力发展开源组织,完善开源软件治理规则,普及开源软件文化,加快建设开源代码托管平台等基础设施,面向重点领域布局开源项目,建设开源社区,会聚优秀开源人才,构建开源软件生态。三是推动产业高效集聚发展,提升中国软件名城建设质量,推进中国软件名城分类创建和动态调整,高质量建设中国软件名园,引导各方加大资源投入,推动特色化、专业化、品牌化、高端化发展。

47. 营造繁荣有序的产业创新生态需要哪些基本条件支撑?

《"十四五"数字经济发展规划》提出,营造繁荣有序的产业创新生态。产业创新生态是指产业链相互联结的各种创新主体(龙头企业、上下游企业、高等院校、科研院所)、创新服务主体(政府、金融机构、中介机构等)和创新环境之间,通过搭建促进创新与经济有效结合的通道和平台,相互作用形成的网状链接、协同互动、共生演进、动态优化的开放复杂系统。数字产业具有成长速度快、技术密集等特点,对于创新速度、层次和质量都提出了高要求,而加快构建产业创新生态,通过创新要素、设施、机制、文化等基础条件建设和互动耦合发展,将为各类主体创新活动提供多维度、多层次支撑,从而最大程度调动和释放不同创新主体的能动性,促进数字产业在更高水平、更深层次、更广领域的创新。具体来讲,产业创新生态支撑条件主要包括以下四个方面。

第一,多样化的创新要素。包括创新人才、创新数据、创新资金等。首先,人才是第一资源,加大人才投入,优化人才政策,完善激励机制,形成鼓励创新、宽容失败的创新文化,充分激发各类人才的创新活力,能为创新生产力提升提供强大的智力支持。其次,数据正成为创新的关键要素,承载着宝贵的创新知识、经验和过程,传递着形式丰富、动态更新的创新信息,带动其他创新要素之间的相互链接、全面协同和互促共进,驱动创新范式加速变革。此外,创新活动需要大量的资金支持,资金的可获得性、资金投入的合理配置等,都将对引导创新活动、激发创新活力产生重要影响。

第二,多层次的创新基础设施。创新基础设施是突破关键核心技术、提升科技创新能力、构建新发展格局的重要基础。创新基础设施网络化链接、平台化组织的发展态势,也为创新活动无边界组织、跨领域协同、跨时空合作提供了重要支撑。夯实创新基础能力,重点就是要布局建设一批资源开放共享、要素优化配置、服务梯次衔接的科学研究基础设施、技术开发和试验验证设施、创新创业服务基础设施等,通过线上线下相结合的方式,为各类创新主体找信息、找资源、找资金、找设备、找服务提供平台支撑,有效促进主体各要素之间的互动、协同与演进。

第三,协同化的创新机制。包括创新支持机制、创新合作机制、创新文化机制等。面对日益复杂的外部环境,越来越多的创新主体在承受创新风险、自身创新水平建设、创新决策、创新资源获取等方面都面临重大调整。产业创新生态拥有多样化创新主体,汇聚多类型创新资源,如果不能进行高效组织和配置,势必影响创新的质量和效率。通过开放协同的创新机制建设,有助于提高创新要素配置效率,构建激励相容的成果分享和利益分配关系,推动资源向优质创新主体和创新活动集中,使创新成为高质量发展的强大动能。

第四,公平竞争的创新制度和文化。产业的创新活动和方向通常受市场制约,伴随着创新的成本和风险不断增加,企业越来越难以承担高投入创新。政府作为制度创新的主体,能够发挥宏观调控、法规监管、政策引导、财政支持、服务保障等作用,对重大项目给予支持,制定实施与创新相关的政策、条款、成果保护法规,建立行业标准,提升政务服务能力,营造有利于创新的外部环境,从而激发更多创新活动。良好的创新文化对企业创新具有重要的激励作用,鼓励大胆创新、勇于创新、包容创新的创新文化,对于激发创新精神、推动创新实践、激励创新事业形成强大助力。

48. 如何理解开源社区、开发者平台等新型协作平台的积极作用?

《"十四五"数字经济发展规划》提出,鼓励开源社区、开发者平台等新型协作平台发展,培育大中小企业和社会开发者开放协作的数字产业创新生态,带动创新型企业快速壮大。开源源起于软件,指开放和共享软件的源代码,授权企业或个人自由使用、复制、传播和改动软件,不仅覆盖软件开发全域场景、渗透到绝大部分软件产品,还进一步延伸到开源硬件、开源设计等领域。随着开源成为全球数字技术和产业创新的主流模式,开源社区、开发者平台等新型协作平台日益兴起,成为汇聚全球创新资源、构建全产业链合作和无边界产业生态圈的重要支撑。鼓励开源社区、开发者平台等新型协作平台发展,应从以下方面深刻理解。

一方面,发展开源社区、开发者平台等新型协作平台是适应数字技术创新趋势的关键举措。当前,开源已经成为数字技术创新的主流模式,最大限度地突破创新的时空边界,最广范围地集聚智力资源、产业资源和服务资源,最大可能缩短创新周期。一是在基础底层产品层面,开源软件大量涌现,大部分移动终端操作系统、桌面浏览器、大数据基础平台及人工智能深度学习平台等均采用开源架构,确保通过开发者的持续贡献实现快速迭代更新。二是在企业发展层面,据统计,全球97%的软件开发者和99%的企业使用开源软件,全球70%以上的新立项软件项目采用开源模式,越来越多的企业推出开源项目,积极打造基于开源项目或平台的创新生态。三是在生态建设层面,开源基金会为开源项目提供了源源不断的智力和资金支持,确保了开源项目的有序发展,越来越多的大企业参与开源体系,通过平台协作方式开展创新。

另一方面,发展开源社区、开发者平台等新型协作平台是提升我国创新生态位势的重要选择。首先,新型协作平台可以在全球范围内实现技术交流和产品开发,是我国数字技术领域短期寻求技术替代、长期实现技术突围的关键环节和有效手段。短期来看,从开源软件社区中寻找替代品有可能破解关键领域重要软件禁用等技术"卡脖子"问题。长期而言,通过全球化的开源社区、开发者平台建设,能够将中国优质的开源项目输出全球,吸引全球的开发者共同迭代国产技术和产品,积极融入和引领国际开源世界。其次,新型协作平台建设有助于提升我国在IT技术标准领域的主导权和话语权。新型协作平台汇聚全球开发者智慧的一种方式就是建立统一的开发环境、技术标准和开发框架,既能降低协作门槛,又能保障开发效率和产品质量,是我国参与全球数字技术标准建设推广的重要依托。再次,新型协作平台是数字产品市场推广的重要渠道,基于平台的开源协作方式而形成的数字产品能够快速迭代、高效组合,通过开发者向其他项目、领域推广应用,能够快速获得市场,并进一步通过硬件、软件、系统、解决方案等服务商协同合作,与用户紧密联动,从而促进形成商业闭环、产用互促的创新生态,加速商业价值的实现。

发挥开源社区、开发者平台等新型协作平台的积极作用,要注重平台建设和生态治理。一是鼓励多类主体参与平台建设。持续加强本土开源社区、开源代码托管平台、开源项目平台建设,推动政府、大型科技企业、中小创业企业、高校科研机构等多主体参与,鼓励开发者发现、交流、分享、创新应用及推广开源项目,吸引国外知名开源项目在华成立中文社区或成立合资企业,支持全球开源社区基金会在华设立分支机构。二是提高开源社区和开源项目的治理和运营能力,制定新型协作管理规则、制度和标准,加强开源项目治理的全周期覆盖和全流程管理,开展开源风险检测、开源生态监测。依托开源基金会形成稳定的决策机制,项目孵化流程,为国内开源项目运营提供有力知识产权托管以及法律、协作支撑。三是构建开源开放生态,加强开源标准、开源规则和知识产权的培训,将开源技术和开源实训融入现有教育体系,加强与国际开源组织交流合作,提升国内企业在全球开源体系中的影响力。

49. 为什么要以园区、行业、区域为整体推进产业创新服务平台建设?

《"十四五"数字经济发展规划》提出,以园区、行业、区域为整体推进产业创新服务平台建设,强化技术研发、标准制修订、测试评估、应用培训、创业孵化等优势资源汇聚,提升产业创新服务支撑水平。产业创新服务平台是指面向产业和区域创新的共性需求,通过有效整合高等院校、科研院所等研究资源,以及检验检测、人才培训、金融服务等第三方服务机构资源,提供技术研发、标准制修订、测试评估、应用培训、创业孵化等公共服务的平台载体。随着数字技术的广泛应用,产业创新服务平台无边界扩展、多资源共享、网络化组织、线上线下融合服务等特点日益突显,支撑了创新从基础研究、应用研究到产业转化全周期需求,并日趋与园区管理、产业集聚、区域经济发展紧密衔接,承载越来越多的要素供给和服务支撑需求。以园区、行业、区域为整体推进产业创新服务平台建设,要从以下两方面理解。

一方面,以园区、行业、区域为整体推进产业创新服务平台建设,有助于形成产业创新规模效应。数字产业创新具有演进迭代快、融合渗透强、产用衔接紧密等特点,单一企业、单一园区、单一区域都难以依靠"单打独斗"获得更高水平、更高层次创新成果。以园区、行业、区域为整体推动产业创新服务平台建设,能够在创新需求汇聚集成、创新主体紧密协同、创新链条紧密衔接方面形成创新合力。一是能够集成园区、行业、区域等多层创新维度的共性需求集中突破,重点聚焦创新技术信息共享、成果转化、研发资金投入、产品市场推广等环节的创新共性和转化需求,在广泛汇聚信息、技术、管理、市场、人才、品牌等创新服务资源,以及发展信息共享、产品配套、品牌营销、产业基金、共性技术研发等紧缺服务方面形成合力。二是能够发挥园区、行业、区域等多级主体的资源优势,依托园区良好的创新设施和环境条件等空间载体,调动和汇聚行业技术、资金、企业、人才、服务等创新资源,立足区域产业基础和需求,以政府力量为牵引推动建立知识共创、风险共担、利益共享等协同创新机制,从而形成规模化发展产业创新平台的合力。三是能够强化园区、行业、区域等多级链条的紧密衔接,通过链接创新端、产业端、市场端,在推动市场需求牵引创新、创新成果产业转化方面形成多级市场叠加合力,促进新技术、新产品更高效率地对接市场、快速转化为现实生产力,乃至引领和创造更多新需求,带动更多创新溢出。

另一方面,以园区、行业、区域为整体推进产业创新服务平台建设,有助于产业服务的精准配置和系统提升。一是由于不同园区、不同行业、不同区域的技术基础、产业水平、市场需求等有所不同,所需的技术研发、产品扩散、产业转化等产业创新服务各有侧重,建平台用平台的模式机制、发展路径、服务方式等各有差异。以园区、行业、区域为整体,推动产业创新服务平台建设发展与园区、行业、区域之间的实际需求相匹配,服务能力合理分工、各有侧重,能够确保服务资源在关键环节、关键领域、关键阶段的精准配置。二是以产业链节点发展需求为主线,串联园区、行业、区域等多级主体资源,能够促进产业创新服务平台专业化、多层级发展。比如,针对产业链上游所需,重点发展科研设施共享、科研资源共享、技术攻关、标准研制等专业创新服务平台;针对产业链中游所需,重点发展检验检测、试验试证、投融资服务、质量控制、市场推广等专业创新服务平台;针对产业链下游所需,重点发展人员培训、金融服务等专业创新服务平台。三是运用一体化思维推动产业创新服务平台体系,通过区域、行业、园区等协同参与,在加快公共服务平台、社会服务机构、服务产品等体系建设,培育服务组织,完善服务功能,优化服务网络,推动创新服务均等化等方面统筹推进,有助于推动产业创新服务能力的系统性提升。

八、持续提升公共服务数字化水平

50. 为什么要持续深化"互联网+政务服务"?

2018 年 4 月 20 日,习近平总书记在全国网络安全和信息化工作会议上指出,要运用信息化手段推进政务公开、党务公开,加快推进电子政务,构建全流程一体化在线服务平台,更好解决企业和群众反映强烈的办事难、办事慢、办事繁的问题。《"十四五"数字经济发展规划》提出,加快推进政务服务标准化、规范化、便利化,持续提升政务服务数字化、智能化水平,实现利企便民高频服务事项"一网通办"。

"互联网+政务服务"是指各级政务服务机构运用互联网、大数据、云计算等技术手段,依托"互联网+政务服务"平台,整合各类政务服务事项和业务办理等信息,通过网上大厅、办事窗口、移动客户端、自助终端等多种形式,为自然人和法人提供"一站式"办理服务。持续推进"互联网+政务服务",充分发挥互联网等新技术的跨时空、交互化、便捷化优势,是贯彻落实党中央、国务院决策部署,深化"放管服"改革的重要抓手;是提升政务服务效能,建设人民满意、服务型政府的重要途径;对加快转变政府职能,提高政府服务效率和透明度,便利群众办事创业,进一步激发市场活力和社会创造力具有重要意义。

第一,持续深化"互联网+政务服务"有利于更好支撑"放管服"改革。"互联网+政务服务"是大力推进"放管服"改革的重要抓手,也是推进国家治理体系和治理能力现代化重要举措。持续深化"互联网+政务服务",有利于政务服务从"减"流程再到"优"服务,从相对内部的行政审批制度性改革逐渐发展到利用"互联网+政务服务"全面提升政府管理和服务质量,实现从点到线、从线到面以及由面到体的全方位创新,不断促进"放管服"改革落地见效。

第二,持续深化"互联网+政务服务"有利于更好满足人民群众期盼。持续推进"互联网+政务服务",紧密围绕民生保障、社保医疗、就业创业等社会公众的切身需要,综合运用新技术、新手段、新模式构建公平、普惠、便捷、高效的数字化公共服务体系,大力强化法治、创新、廉洁的一体化、服务型政府建设,持续深化"互联网+政务服务",切实打破公共服务各领域、各环节的服务瓶颈,创新推进"一网一门一次"改革,让数据多跑路,让群众少跑腿,让治理更有效,切实方便群众办事创业,增强社会公众获得感,提高社会公众满意度。

第三,持续深化"互联网+政务服务"有利于激发市场主体活力。持续推进"互联网+政务服务",有利于优化营商环境,降低制度性交易成本,消除地方性市场准入潜规则,更好为市场主体减负促发展,助力形成全国统一的大市场,畅通国内经济大循环;有利于加快推进基础设施、市政工程、农业农村、公共安全、生态环保、公共卫生、物资储备、防灾减灾、民生保障等公共服务领域的数字化创新与改造,将直接拉动相关数字产业投资与发展;有利于为社会公众提供质量更高、成本更低的优质公共服务,增强数字化公共消费对经济发展的促进作用。

持续深化"互联网+政务服务",提升企业和群众办事满意度,持续打造"不打烊"的"数字政府",可以从三个方面入手。一是加强重点共性应用支撑能力。加快完善线上线下一体化统一身份认证体系,整合多种身份核验方式和认证源,推动"一次认证,全网通办"。健全全国统一的电子印章服务体系,提升电子文件(档案)管理和应用水平,推动非税收入收缴电子化全覆盖。完善信用信息公共服务,推进全国一体化政务大数据体系建设,为各级政府和各类应用系统提供公共支持。二是构建协同高效政府数字化履职能力体系。整合各级各类政务服务资源,推动线上线下全面融合,加快提升政务服务"一网通办"水平。推动全国范围内政务服务事项基本做到标准统一、整体联动、业务协同。推动服务重心向基层下移,更好地提供精准化、精细化服务。三是构建全方位安全保障体系。全面强化安全管理责任,落实安全管理制度,加快关键核心技术攻关,加强关键信息基础设施安全保障,强化安全防护技术应用。

51. 为什么要建立健全政务数据共享协调机制?

2021年12月30日,中央全面深化改革委员会第十七次会议指出,建立健全政务数据共享协调机制、加快推进数据有序共享,要坚持统筹协调、应用牵引、安全可控、依法依规,以业务协同为重点,加强技术创新、应用创新、模式创新,全面构建政务数据共享安全制度体系、管理体系、技术防护体系,打破部门信息壁垒,推动数据共享对接更加精准顺畅,提升法治化、制度化、标准化水平。近年来,通过积极建设并完善网上政务大厅、共享交换平台、云数据中心、基础数据库等,各级各部门的云、数据、组件、应用等数字资源统一管理能力得到提升,有力支撑跨地区、跨部门、跨层级数据共享应用。数字经济时代,数字政府建设已经成为行政改革的重要推动力量,而建立健全政务数据共享协调机制是数字政府建设得以实施和完善的重要保障,提升数字治理水平和公共服务的效率,不仅可以利企便民,更为提高国家治理体系和治理能力现代化水平提供有力支撑。具体体现在以下两个方面。

第一,建立健全政务数据共享协调机制是深化"互联网+政务服务"的重要支撑。加强政务数据的共享协调可以为政务服务提供多渠道机制和模式,解决跨地区、跨部门、跨层级"最后一公里"难点堵点,提高行政效率,改进政府管理,更好地服务人民群众,提高人民群众的获得感和幸福感。

第二,建立健全政务数据共享协调机制是充分发挥数据要素价值的重要途径。构建有效的政务数据共享机制,有助于政府创新数据治理新模式。数字经济时代,数据已经成为重要生产要素,同时区别于物质资本和人力资本,数据作为生产要素还具有即时性、共享性等特征。通过建立健全政务数据的共享协调,政府能够通过运用大数据加强自身的行政能力,充分发挥数据要素的价值,从而提升政策制定的精准性,使整体性治理、精准化治理、参与性治理成为可能。

建立健全政务数据共享协调机制,一是坚持统筹协调。强化顶层设计,加强协同配合,进一步明确各方权利和责任。二是坚持应用牵引。坚持目标导向和问题导向相结合,以业务协同为重点,按需共享、有序开放,强化技术创新、应用创新和模式创新。三是坚持依法依规。运用法治思维推进政务数据共享工作、打破部门信息壁垒,提升法治化、制度化、标准化水平。

52. 如何提升社会服务数字化普惠水平?

习近平总书记指出,网信事业发展必须贯彻以人民为中心的发展思想,把增进人民福祉作为信息化发展的出发点和落脚点,让人民群众在信息化发展中有更多获得感、幸福感、安全感。[1]

推动社会服务数字化普惠化水平不仅有利于促进全社会共享数字经济发展红利,也是促进共同富裕的重要实现途径。数字化社会服务可以促使公共

---

[1] 中共中央党史和文献研究院编:《习近平关于网络强国论述摘编》,中央文献出版社2021年版,第25页。

设施的供给更加充分和平衡,尤其是乡村、欠发达地区也可以充分享受现代化、数字化基础设施。推动数字化社会服务发展有利于政府数字化转型,数字化生活方式激发了人民群众对数字化社会服务的新期待,顺应人民群众对高品质美好生活的期待,突出数字惠民导向,全面打造数字化应用场景,让数字生活走进千家万户,增强了人民群众的获得感、幸福感、安全感。与传统的社会服务模式相比,数字经济时代的社会服务更突出数字化、融合化、普惠化和均等化。"十四五"时期,提升社会服务数字化普惠水平,可以从以下四个方面入手。

第一,推动社会服务资源共享复用。一是充分利用社会服务数字化的契机,进一步优化资源配置,促进养老、就业等民生领域的优质资源共享复用。二是整合数字化社会服务,聚集各地区数字化特色资源,推动跨网络协作的一体化资源数字化供给和网络化服务。

第二,强化民生领域供需对接。一是拓宽数字化社会服务的覆盖范围,推进养老、就业等领域社会服务资源数字化供给和网络化服务。二是强化就业、养老、托育等重点民生领域社会服务供需对接,促进优质资源深化应用,提升服务资源配置效率和共享水平。

第三,补齐群体间地域间差距。一是加强信息无障碍建设,提升面向特殊群体的数字化社会服务能力。着力瞄准偏远地区和重点服务对象,加快社会服务的远程供给水平和覆盖水平。二是加快推进各类社会服务主体联网接入,促进社会服务向各类地区延伸。

第四,推进多领域深度融合。一是探索文化教育、医疗健康等领域线上线下融合互动的社会服务供给体系,拓展服务内容,扩大服务覆盖面。二是促进社会服务与互联网产业深度融合,培育跨行业跨领域综合性平台和行业垂直平台。

53. 数字技术对于推动城乡融合发展方面能够起到什么作用?

当前,中国经济社会发展已经全面进入数字时代,在推进城乡融合发展的进程中,应充分发挥数字技术的驱动力,把握数字技术推动城乡融合发展的主要着力点,优化数字技术促进城乡融合发展的路径选择。数字技术为城乡融合发展带来了全新动力。其作用主要体现在以下三个方面。

一是数字技术在城市、乡村的普遍性应用可为城乡融合发展提供基础的技术支撑。以大数据、云计算等为代表的数字技术因为其通用性、渗透性特征,能够在城市和农村之间搭建一座"数字桥梁",并深刻影响各种生产要素配置,催生出新的经济形态,促进资源配置效率快速提升,实现城乡融合互动和共建共享发展。二是数字技术赋能促进城乡产业融合和农村一、二、三产业融合,推进农业产业链整合和价值链提升,培育新业态和新动能,提升城乡产业布局的平衡性、协调性和生态化水平。三是数字技术能够突破城乡地理空间的限制,如农村电子商务、在线直播、远程医疗、在线教育、数字普惠金融的发展,可以大大突破城乡地理空间的限制,实现重要商品、服务和信息的跨空间交换,促进城乡互补互促、全面融合和共同繁荣。

多措并举推进数字技术促进城乡融合发展存在三个有效路径。一是着力弥合城乡数字鸿沟。要加大宽带网络基础性投入,以新型基础设施建设带动农村基础设施全面升级,加快农村移动宽带互联网发展,切实缩小城乡数字接入鸿沟;积极搭建"数字平台"开展农村教育、医疗、社保、金融、旅游等服务,普及、惠及农民;通过示范以点带面推进,加强对农民网络知识普及,全面提高农民获取、处理、创造数字资源能力。二是统筹推进"数字乡村"与"智慧城市"建设。数字乡村建设不是单纯地复制智慧城市,而是通过城乡数字平台的互联互通,逐步实现城乡信息资源整合共享与利用,推进乡村治理体系和治理能力现代化,城乡治理一体化。要坚持一体设计、同步实施、协同并进、融合创新,促进城乡生产、生活、生态空间的数字化、网络化、智能化发展,加快形成共建共享、互联互通、各具特色、交相辉映的数字城乡融合发展格局。三是积极构建数字城乡融合发展政策机制。打通要素流通渠道,增强城市辐射带动功能,推动乡村资源与城市要素市场对接,探索城乡人才联合培养机制;在保证数据安全的前提下,打破城乡数字壁垒,实现信息开放共享,为城乡居民提供更加便捷优质的公共服务,全面重塑城乡综合治理模式。

54. 如何深化新型智慧城市建设?

习近平总书记高度重视新型智慧城市建设,多次指出要通过大数据、云计算、人工智能等手段推进城市治理现代化,让大城市变得更"聪明"。《"十四五"数字经济发展规划》提出,深化新型智慧城市建设,推动城市数据整合共享和业务协同,提升城市综合管理服务能力,对深化新型智慧城市建设进行了全面部署。

新型智慧城市建设是顺应信息化和城市发展趋势,主动适应经济发展新常态、培育新的增长点、增强发展新动能而作出的重大决策部署。近年来,各地方、各部门坚持以人民为中心的发展思想,积极推动新型智慧城市建设,涌现了一批特色亮点和创新应用,在部分领域为全球智慧城市建设提供了样板,在政务服务、交通出行、医疗健康、公共安全等方面取得了显著成就。城市服务质量、治理水平和运行效率得到较大提升,人民群众的获得感、幸福感、安全感不断增强。尤其在新冠肺炎疫情暴发的情况下,各地智慧城市建设成效更加凸显,与此同时,我国新型智慧城市建设也面临一些短板和不足,城市数据共享不充分、技术与应用融合不够、城市整体治理成效仍显不足等问题制约新型智慧城市发展。

深化新型智慧城市建设可以从以下三个方面入手。一是以人民为中心推进新型智慧城市建设。城市的核心是人,城市建设必须符合人民群众的利益,在建设过程中要充分尊重人们的意愿,让人们积极主动地参与到各个环节中来。新型智慧城市建设要始终坚持以人民群众的需求为出发点,改善城市的人居环境,提供高效便捷的服务,提高居民生活质量。充分考虑科技手段和市民幸福感的结合,坚持需求牵引、效果为先,注重用户体验,把提高人民群众的满意度作为新型智慧城市建设的落脚点。二是以数据共享为抓手提升城市治理水平。经过多年的建设和发展,我国各级政务部门的流程型、服务型业务系统建设取得显著的成效。需要各级各部门进一步畅通部门间数据共享,有序推动公共数据开放,推动城市数据整合共享和业务协同,大力开展互联网数据和政务数据关联汇聚和深度分析,通过数据赋能提升城市治理水平。三是以成效为评价标准,推进新型智慧城市建设。以成效为导向,引入合理评价体系,推动新型智慧城市评价规范化发展。建设覆盖广泛的惠民服务体系和精细化的城市治理体系,加强与企业之间的合作和互动,吸引社会资本,充分整合分散的系统应用,提升智慧城市的运营效率。

55. 为什么要推进智慧社区建设?

2019年1月16日,习近平总书记在中央政法工作会议上指出,要深入推进社区治理创新,构建富有活力和效率的新型基层社会治理体系。《"十四五"数字经济发展规划》指出要加快既有住宅和社区设施数字化改造,鼓励建设智慧社区和智慧服务生活圈,打造智慧共享的新型数字生活。"智慧社区"建设,是将"智慧城市"的概念引入社区,以社区群众的幸福感为出发点,通过打造智慧社区为百姓提供便利,使人们的工作和生活更加便捷、舒适、高效。

第一,智慧社区是人民共享高质量生活的重要载体。智慧社区通过利用多种智能技术,整合社区现有的各类服务资源,为社区群众提供政务、商务、娱乐、教育、医护及生活互助等多种便捷服务。提高政务办事效率,改善人民生活质量,打造家庭智能生活,提升社区生活品质,对于增进居民福祉、提升社区生活品质发挥了重要作用。

第二,智慧社区是构建新型智慧城市的重要组成部分。社区是城市的基本组成要素,智慧社区是新型智慧城市的基础场景,可以平衡社会需求,充分调用各方资源,促进社区智能化升级,为智慧城市提供可持续发展动力。

第三,智慧社区是提升社会治理能力的重要依托。智慧社区的建设旨在通过先进技术应用和开发建设模式创新,挖掘社区范围内外资源潜力,建设生态高效、信息发达、经济繁荣新型社区,从而进一步推动社会治理能力的提升。

为了进一步实现社区的数字化、智慧化,未来在推进智慧社区建设上重点从以下两个方面出发。一方面,强化社区智能安全设施建设。建设智慧养老、智能充电桩等配套智慧公共设施,建设智能门禁、智能安防、消防监测、环境监测等智慧安全设施,全力保障居民日常生活和安全。另一方面,推动"互联网+政务服务"向乡镇(街道)、村(社区)延伸覆盖,加快提升社区窗口服务、网格化服务管理水平,促进信息资源共享,加强多源大数据向社区开放,完善村(社区)政务自助便民服务网络布局,着力构建高效便捷的社区管理和民生服务体系。

56. 如何理解数字孪生城市?

2020 年 4 月 2 日,习近平总书记在浙江考察时强调,要运用大数据、云计算、区块链、人工智能等前沿技术推动城市管理手段、管理模式、管理理念创新,从数字化到智能化再到智慧化,让城市更聪明一些、更智慧一些。《"十四五"数字经济发展规划》提出,要完善城市信息模型平台和运行管理服务平台,因地制宜构建数字孪生城市。

数字孪生城市是以数字孪生技术为基础,在网络数字空间,再造一个与现实物理城市匹配对应的数字虚拟城市,与现实物理城市中的人、物、设施、事件等一一对应、协同交互,可智能操控的虚拟城市。数字孪生城市是新型智慧城市建设的一种新理念,无论对于城市运行管理,还是数字经济社会发展,都有着重要意义和作用。

数字孪生城市是一个集技术融合、业务融合和数据融合于一体的复杂且巨大的系统,它不仅涉及的技术内容众多,而且还需要城市管理相关部门间的共享与协作,贯穿城市数据的采集、汇聚、整合、分析、应用等全过程各环节。加强数字孪生城市的建设和管理,在工作中需要重点把握以下五个方面。

第一,数字孪生城市首先需要构建新型基础设施体系。这不仅包括计算基础设施,如数据中心、云计算和云存储中心,还包括 5G 网络等通信基础设施。

第二,数字孪生城市需要打通城市运行数据资源体系。数字孪生是对现实世界物理对象的高度仿真模拟,这不仅需要有精确的数字模型,还需要有及时同步更新的数据来源。基于无所不在的物联网和传感设施,实现人与物、物与物之间的互联互通与数据采集,实现对城市基础设施全要素数字化和可视化。

第三,数字孪生城市建设需要一个动态的城市模型。数字孪生城市建设,通过运用建筑信息模型(BIM)系统、城市信息模型(CIM)系统和地理信息系统(GIS)等技术工具将整个城市转换成一个虚拟模型,即在数字空间构建一个数字化城市。负责城市管理的各部门,可以根据该模型提供的数据,实现对城市动态的监测和协同管理。

第四，数字孪生城市需要采用统一的标准规范。数字孪生对实体对象的分析、预测、诊断、训练等各个环节之间，涉及大量的共享和交互数据，需构建统一的标准规范。

第五，数字孪生城市需要强有力的安全防护。数字孪生城市的数据类型多、来源广，不仅有城市的建筑、道路，还有金融等关键基础设施数据，其运转直接关系到每个人的工作和生活，需要强化安全防护能力。

57. 数字乡村的建设重点是什么？

2019 年 5 月，中共中央办公厅、国务院办公厅印发了《数字乡村发展战略纲要》，明确了到本世纪中叶，全面建成数字乡村，助力乡村全面振兴，全面实现农业强、农村美、农民富的数字乡村建设目标。数字乡村建设的重点任务主要为以下五个方面。

第一，推进数字乡村建设，加快智能设施建设。数字基础设施的升级和改造是促进乡村地区数字化发展的前提条件，是推进数字乡村建设的重要支撑。一是逐步推进网络基础设施建设，持续推进 4G 基站建设，逐步推动 5G 和千兆光纤网络向乡村地区延伸，逐步优化宽带网络和广电质量。二是进一步提升偏远地区学校、医院网络接入水平和质量，实现城市乡村"同网同速"；优化广播电视业务网络，深入实施智慧广电建设工程，实现乡村有线电视网络化。三是加快基础设施数字化改造。加快建设乡村电网、中小型水利设施、乡村公路、冷链物流、农业生产加工等基础设施的数字化提升工程，实现数字化、智能化转型。

第二，推进数字乡村建设，完善信息化服务供给。一是持续推动数字技术应用。促进信息资源互联互通，提升信息惠农服务水平，推进乡村治理数字化。二是加快"互联网+政务服务"向乡村地区的延伸,提高涉农事项全程网上办理比例,推动政务服务"网上办、掌上办、一次办"。三是加强应急管理预警体系建设。实现对地质、洪涝、森林草原火灾等自然灾害的监测预警和及时播报。

第三,推进数字乡村建设,强化数据要素供给。一是进一步发挥好数字技术对于打破时空阻隔,促进资源要素流通的积极作用。推进农业农村大数据体系建设应用。二是建立健全农业数据资源目录,实现全国农业农村数据资源"一张图"。夯实数字农业基础,发展智慧农业。利用数字化技术建设智慧农场、智慧牧场、智慧渔场,推动无人农场建设,实现农场作业全过程的智能化、无人化。三是加快智慧农业技术创新。加快高质量农用机械的研发和推广使用,建立培育一批面向农业的信息综合服务企业,利用卫星遥感等技术与无人机配合,实现对农业区域的高精度观测,实现区域农业信息共享。

第四,加快推进数字乡村建设,合理配置公共资源。一是筑牢乡村网络文化阵地。完善县级融媒体中心功能,实现地区间协作交流。加强乡村网络文化引导,强化乡村网络文明建设。二是支持优质"三农"题材节目的创作和推广。加强网络巡查,抵制低俗网络文化,遏制封建迷信、攀比低俗等消极文化的网络传播,弘扬社会主义核心价值观和中华优秀传统文化。三是推进非物质文化资源数字化。做好非物质文化遗产、地方戏曲剧种、农耕文明遗址的数据资源搜集工作,丰富文化遗产标本库,实现对民族文化的保护。

第五,加快推进数字乡村建设,做好人才培养工作。一是加大对数字化应用人才的引进力度,开展信息化人才下乡活动,加强对村民的网络知识普及。二是强化智力帮扶,发挥第一书记、驻村工作队员、大学生村官、科技特派员、西部计划志愿者等主体面向农村地区开展数字化应用型人才培训,帮助广大农民提升数字素养,适应数字化发展趋势,增强农民网络安全防护意识和技能。三是依托区域内高校、农业龙头企业等资源,根据乡村实际情况培养实用型信息技术人才。

58. 乡村治理数字化有什么意义?

《"十四五"数字经济发展规划》提出,统筹推动新型智慧城市和数字乡村建设,协同优化城乡公共服务,推进乡村治理数字化,推动基本公共服务更好向乡村延伸,推进涉农服务事项线上线下一体化办理。

乡村治理是乡村振兴的重要保障,随着经济社会快速发展、城镇化水平不断提高,农村社会结构发生了深刻变化,农民利益诉求日益多元化,客观上要求乡村治理不断创新方式、提升现代化水平。数字化赋能乡村治理,既能为提升乡村治理科学性、时效性等提供科技支撑,也能为乡村治理现代化提供新的方法路径。

第一,数字化赋能乡村治理,能加快构建共建共治共享的乡村治理格局。一是在乡村地区推广"互联网+党建",通过健全农村基层党建信息平台、加强党员干部教育等措施,促进基层党组织更好地发挥战斗堡垒作用。二是运用信息交流网络平台,引导广大村民积极参与乡村发展的讨论,有力提高村务决策的民主性和科学性。三是综合运用重点新闻网站、政务网站、"两微一端"等平台,积极稳妥、依法依规推动党务、村务、财务等信息网上公开,拓宽党群沟通渠道,畅通社情民意。

第二,数字化赋能乡村治理,能为乡村发展营造风清气正的环境。一方面,乡村地区运用"村民微信群""乡村公众号"等数字化服务平台,赢得广大群众对基层工作的支持,增加村民对基层党员干部的信任,有利于基层党员干部开展工作。另一方面,搭建便民互动的数字化监督平台,不断增强网络监督处置的及时性、主动性和透明度,保证了对基层党组织的监督,有效促进了乡村基层权力规范运行。

第三,数字化赋能乡村治理,能有效提高乡村治理效率。一是依托在线服务平台,提高涉农事项全程网上办理比例,推广"最多跑一次""不见面审批"等模式,推动政务服务电子化办理,大幅提高村民办事便捷程度。二是推动"互联网+公共法律服务"向农村地区下沉,为村民依法维权提供便利,促进了法制意识的提高,助力建设法治乡村。三是推进乡村地区数字化社区服务圈建设,改进政务、商业、养老、妇幼等综合服务功能,做好乡村服务"最后一百米"。

59. 如何理解智慧共享的新型数字生活?

习近平总书记在中央网络安全和信息化领导小组第一次会议指出,信息化和经济全球化相互促进,互联网已经融入社会生活方方面面,深刻改变了人们的生产和生活方式。近年来,以物联网、大数据、人工智能等为代表的新一代信息与通信技术的发展,给人们的生活带来巨大变化。

智慧共享的新型数字生活是顺应数字化进程的新业态新模式。以数字驱动和数据资源为特征的数字经济蓬勃发展,已成为推动经济发展的新动力,并不断塑造看得见、摸得着的数字化智慧生活。当前的数字化正在深刻地改变人们的衣食住行,为数字化生活的各个环节提供支持和保障。数字技术应用的不断更新促进了产品的智能化改造,成为消费升级的新动力,不断创造更加智慧共享的新型数字生活。在数字信息技术支撑下,"数字化"成为人们一种新的生存状态,数字生活也愈来愈成为人们的重要生活方式。

智慧共享的新型数字生活是满足人民日益增长的美好生活需要的重要保障。随着时代的进步,人们对智慧共享的数字化生活有了更多的需求和更高的期待,未来数字生活的发展具有广阔的市场,这将成为我国打造全面智慧共享生活、营造良好数字生态的关键撬动因素。多年的积淀,让人们已经习惯了联网生活,设备一体化成为迫切需求。二维码、公众号、手机应用软件和小程序让人们的生活更加便利和智能。与此同时,人们对数字生活智能载体的兼容性、安全性、稳定性需求不断提高,对数字化应用场景的多样化、普及化和融合化要求也逐步提升,对数字化生活的自主性、互动性、自我实现等个性化需求也在增加。

"十四五"规划《纲要》提出,推动购物消费、居家生活、旅游休闲、交通出行等各类场景数字化,通过构建先进普惠、智能协作的生活服务数字化融合设施,在基础设施智能升级过程中,充分满足老年人等群体的特殊需求,打造智慧共享、和睦共治的新型数字生活。坚持以人为本打造智慧共享的新型数字生活,在工作中需要重点把握以下三个方面。一是提高智慧社区和智慧家庭建设应用水平。加快既有住宅和社区设施数字化改造,促进家居产品与家居环境智能互动,鼓励建设智慧社区和智慧服务生活圈,推动公共服务资源整合,提升专业化、市场化服务水平。二是深化数字应用对特殊群体的适应性改造。针对老年人和残疾人等重点群体,加速推进数字基础设施及数字应用(APP)适老化、无障碍化改造;针对偏远地区和农村地区人群,加快数字基础设施建设,让更广大的群众可以享受到智慧共享生活带来的数字化红利。三是培育数字生活新应用新场景,适应消费升级需求,支持新型消费发展,推动实体生活服务加快数字化、智能化改造和跨界融合,为传统门店和社区小店打造数字化供应链体系,实现供需精准匹配,探索生活服务模式转型方式,利用新一代数字信息技术加快培育形成生活服务业态新模式。

九、健全完善数字经济治理体系

60. 如何理解协同治理和监管机制？

2016 年 10 月 9 日，习近平总书记在主持十八届中央政治局第三十六次集体学习时指出，随着互联网特别是移动互联网发展，社会治理模式正在从单向管理转向双向互动，从线下转向线上线下融合，从单纯的政府监管向更加注重社会协同治理转变。这为未来治理模式和监管机制的发展指明了方向。

《"十四五"数字经济发展规划》提出要"强化协同治理和监管机制"。一方面，协同治理和监管机制是适应数字经济发展的重要支撑。鉴于数字经济活动具有跨时空、跨专业、跨层级、跨区域等特点，涵盖经济、社会、文化、生态等多个领域，涉及平台、行业协会、企业等多个主体，光靠政府一方的力量管理难以为继，需要强化各部门、各区域、各主体之间的协同联动，建立高效协同、多元共治的治理和监管机制，才能确保数字经济持续健康快速发展。另一方面，协同治理和监管机制是解决现实监管难题、提升政府治理能力的有效抓手。受多种因素影响，不同层级政府、不同政府部门普遍存在监管理念、监管标准、执法力度不统一等问题，存在层层加码的现象，一定程度上影响了各类市场主体的生产经营活动。而协同治理与协同监管，可以统一各部门、各层级政府的思路和认识,执行统一标准,使各类市场主体能够在公平的环境中竞争发展。

"十四五"时期,需要从四个方面进一步强化协同治理和监管机制。一是探索建立与数字经济持续健康发展相适应的治理方式,制定更加灵活有效的政策措施,创新多方参与、有效协同的治理模式。在处理发展与监管的关系上,要坚持两手抓,既要支持数字经济的发展,又要注意规范其活动、行为。要深化"放管服"改革,优化营商环境,分类清理规范不适应数字经济发展需要的行政许可、资质资格等事项,进一步释放市场主体创新活力和内生动力。要根据数字经济自身特点和发展规律,建立起与之相适应的治理方式,提升各级政府监管能力。二是强化跨部门、跨层级、跨区域协同监管,明确监管范围和统一规则,加强分工协作与协调配合。要明晰各部门、各层级政府的治理职责和监管职能,严格执法、一视同仁。要探索开展跨场景跨业务跨部门联合监管试点,创新基于新技术新手段的监管模式,建立健全触发式监管机制。三是强化以信用为基础的数字经济市场监管,建立完善信用档案,推进政企联动、行业联动的信用共享共治。诚信是数字经济发展的基石,适应数字经济发展需要,要强化以信用为基础的市场监管机制,优化营商环境,鼓励企业诚信经营。要加快推动政企联动、行业联动,健全完善信用共享共治机制,建立信用档案,鼓励和督促企业诚信经营。要加强征信建设,提升征信服务供给能力。四是加快建立全方位、多层次、立体化监管体系,强化事前事中事后全链条全领域监管,完善协同会商机制。有效打击数字经济领域违法犯罪行为。要加强跨部门、跨区域分工协作,推动监管数据采集和共享利用,提升监管的开放、透明、法治水平。

61. 为什么要加大政务信息化建设统筹力度?

2016年10月9日,习近平总书记在主持十八届中央政治局第三十六次集体学习时强调,要以推行电子政务、建设新型智慧城市等为抓手,以数据集中和共享为途径,建设全国一体化的国家大数据中心,推进技术融合、业务融合、数据融合,实现跨层级、跨地域、跨系统、跨部门、跨业务的协同管理和服务。加大政务信息化的统筹力度,优化政务服务质量,提高利企便民水平,对于加快推进数字政府建设,有力支撑国家治理体系和治理能力现代化建设具有意义,具体表现在以下三个方面。

第一,加大政务信息化建设统筹力度有助于持续深化政务信息系统整合,提升跨部门协同治理能力。"十三五"以来,我国政务信息化工作取得长足发展,政务信息系统整合共享实现新突破,一批重大工程陆续建成,有力支撑了从单纯依靠行政管理向系统共治的转变,大数据慧治、大平台共享的政务信息化顶层架构初步建成。然而长期困扰我国政务信息化建设"各自为政、条块分割、烟囱林立、信息孤岛"等问题依然存在。要实现政府的数字化管理和服务,就必须充分利用好现有的数据资源,提升跨部门协同治理能力。加大政务信息化建设统筹力度,是促进各地方、各部门大力推进政府信息系统互联互通的有效手段,有助于推动政务信息跨地区、跨层级、跨部门互认共享,增强协同治理、集约建设和快速迭代能力,全面提升政府治理的数字化、网络化、智能化水平,有力推进政府运行方式、业务流程和服务模式的系统整合,从而持续提高数字化政务服务效能。

第二,加大政务信息化建设统筹力度有助于政府职能转变,加强数字化技术创新应用,推动政府治理流程再造和模式优化,不断提高决策科学性和行政效率。在"大平台、大数据、大系统"的总体架构设计指引下,综合运用新技术、新理念、新模式,推进政务信息化工作迈入以数据赋能、协同治理、智慧决策、优质服务为主要特征的"融慧治理"新阶段。有助于实现基础设施共建共用、信息系统整体部署、数据资源汇聚共享、业务应用有效协同,为各级政府部门和政务服务系统提供按需分配、高效稳定、安全可靠的数字化服务,以及集约共享的算力算法支撑能力,满足云计算、大数据、人工智能等新技术在政府服务中的应用需求。

第三,加大政务信息化建设统筹力度有助于优化政务服务质量提升便利化水平,不断提高人民群众的获得感和幸福感。以深化"互联网+政务服务"为切入点,加大政务信息化建设的统筹力度是坚持以人民为中心的发展思想的充分体现,有助于改进全流程一体化在线服务平台功能。通过政务信息化建设统筹,有助于强化数字化治理理念、创新数字化治理模式、丰富数字化治理手段,形成与经济社会发展相适应的智能感知、精细管理、科学决策、高效服务的数字化治理能力和便捷化服务能力。

62. 数字经济统计监测还面临着哪些难点?

《"十四五"数字经济发展规划》提出,要建立完善基于大数据、人工智能、区块链等新技术的统计监测和决策分析体系,提升数字经济治理的精准性、协调性和有效性。测度数字经济的发展规模和水平是国内外广泛关注的课题。数字经济的统计监测工作,对于加快我国数字化转型步伐,推进国家治理体系和治理能力现代化,形成与数字经济发展相适应的政策体系和制度环境,具有十分重要的意义。

数字经济的蓬勃发展对数字经济统计工作提出了迫切要求。为准确衡量数字经济的规模、速度、结构,国家统计局于2021年提出了衡量数字经济发展水平的重要统计标准。然而,数字经济统计监测工作依然面临诸多挑战,主要在于数字经济具有跨界融合的特征,而我国现有统计指标体系大多以行业为类别进行统计、测度,增加了统计监测工作的操作难度。具体而言,数字经济统计监测的难点主要体现在以下三个方面。

第一,现有统计核算体系无法全面核算数字经济规模。现有统计核算体系以国际通行的《国民账户核算体系 SNA2008》为基础。SNA2008 并未包含数字经济中的一些新兴产品。例如,数据资产在企业和政府进行管理决策中发挥了重要作用,但在 SNA2008 核算体系下,尚未将其纳入资产范畴。另外,GDP 反映了经济活动的新增价值,以市场交易为基础,免费的数字服务(如电子邮件、网络新闻、搜索引擎、在线音乐、网络视频等)在 SNA2008 生产活动边界之外,尚未有国际统一标准对免费数字服务的规模进行全面核算。

第二,现有统计核算方法难以准确衡量数字产业价值。尽管现有统计核算体系可以涵盖多数数字产业,却难以准确衡量其价值,主要是核算方法上存在困难。一是数字技术运用于传统经济,带来了生产方式的变革与生产效率的极大提升,这部分产业计入数字经济规模时,应将其增加值中数字经济带来的贡献剥离出来,而现有统计核算体系尚无法剥离。二是数字经济的跨界和共享特征模糊了统计范围,导致现行核算体系可能重复或难以归类计算。三是个性化定制、在线自助服务等新商业模式的广泛应用,让单个产品或服务的价值计算变得更加复杂。

第三,传统统计方式难以满足时效性的要求。数字经济活动涉及领域广、业态新、产业融合情况复杂,对统计工作时效性提出了更高的要求。传统统计工作基于对象抽样、数据统计、汇总分析等工作流程,存在统计工作用时较长、样本分析不全面、统计费用较高等问题。数字化时代的统计工作面临着更新加速、更大体量的经济数据,传统的统计方法很难从快速更新、结构复杂和规模庞大的数据中整合、分析数字经济行为,统计核算结果的实效性也较难以准确适时反映数字经济的发展状况。

进一步完善数字经济的统计监测工作,可从以下三个方面发力。一是改进数字经济统计监测方法,统一数字经济的统计范围、统计口径、核算方法,丰富数据来源,对传统核算模式进行完善和补充。二是完善数字经济统计监测指标,满足数字经济运行分析对指标数据的准确性、及时性、全面性的要求。三是规范数字经济统计的协同工作,强化行业主管部门与统计部门密切配合,合理分工。

十、着力强化数字经济安全体系

63. 如何理解着力强化数字经济安全体系？

着力强化数字经济安全体系,是《"十四五"数字经济发展规划》的 8 大重点任务之一,是提高我国数字经济治理体系和治理能力现代化水平不可或缺的关键。

当前,数字技术不断创新,并加速融入经济社会发展各领域全过程,成为推动我国经济发展质量变革、效率变革、动力变革的新引擎,给广大人民群众生产生活带来广泛而深刻的影响。但与此同时,数字经济安全面临的威胁和风险日益突出,网络攻击、信息泄露、数据损毁、舆论谣言等事件屡见不鲜,不但危害了广大人民群众切身利益,也制约了数字经济发展,甚至威胁国家安全。

一是数字基础设施建设带来的潜在网络安全风险亟须重视。随着传统产业数字化、网络化、智能化转型步伐加快,网络安全风险逐渐向制造业、教育、金融、医疗等领域蔓延。电信、金融、能源、交通运输、水利等重要行业领域和新型基础设施网络建设持续推进,各类系统的网络暴露面增加,相关数据显示①,2020 年,我国云平台上遭受大流量 DDoS 攻击事件数量占境内目标遭受

---

① 国家计算机网络应急技术处理协调中心:《2020 年中国互联网网络安全报告》。

大流量 DDoS 攻击事件数量的 74%，云平台作为控制端发起 DDoS 攻击的事件数量占境内控制端发起 DDoS 攻击事件数量的 81.3%。同时，随着各类系统加快联网，不断拓展承载的业务，一旦遭受有组织、高强度的网络攻击，将会导致系统运行中断或业务瘫痪，可能影响城市的稳定运转，甚至威胁国家安全。2017 年大规模的勒索病毒"永恒之蓝"（WannaCry）席卷全球，超过 100 个国家受到病毒感染，我国政府部门，以及医疗、能源、交通、金融等多个行业机构均受到不同程度影响，这为我们敲响了警钟。

二是数据应用日益广泛，安全形势不容乐观。① 2020 年 4 月，数据作为一种新型生产要素正式写入《中共中央　国务院关于构建更加完善的要素市场化配置体制机制的意见》，数据要素的高效配置，是推动数字经济发展的关键一环。然而，数据本身具有流动性、多样性、可复制性等不同于传统生产要素的特性。作为新型生产要素，数据只有流动、分享、加工处理等才能创造价值，但在数据采集、传输、存储、使用、共享、交换、销毁等全生命周期中，数据安全事件仍呈高发态势。相关数据显示②，2020 年累计监测到我国联网系统数据库重要数据安全事件高达 3000 余起，涉及电子商务、医疗卫生、校外培训等众多行业；政务公开、招考公示等平台未脱敏展示公民个人信息事件 107 起，涉及未脱敏个人信息近 10 万条。此外，数据跨境流动也进一步加剧了数据安全保护的复杂局面，重要数据和个人信息安全保障任重道远。

三是数字经济或将衍生新的经济社会风险。随着数字经济快速发展，数字产业化和产业数字化孕育出复杂的新兴业态，催生空间更加开放、边界更为模糊、网络更加互联互通的业务场景，衍生出处于灰色地带的商业模式，如网络理财、网络借贷等，给传统监管带来了严峻挑战。同时，随着更多新技术的广泛应用，势必带来更加多元化、复杂化的网络安全风险，以及全球数字经济

---

① 梅宏：《大数据与数字经济》，《求是》2022 年第 2 期。
② 国家计算机网络应急技术处理协调中心：《2020 年中国互联网网络安全报告》。

安全治理中遇到的数据跨境、数字税收、数字贸易准入和结算、数字财产保护等安全威胁,给传统网络安全防护带来了挑战。

习近平总书记指出,没有网络安全就没有国家安全,就没有经济社会稳定运行,广大人民群众利益也难以得到保障。[①] 这为我们把握信息革命历史机遇、加强网络安全和信息化工作、加快推进网络强国建设明确了前进方向、提供了根本遵循,具有重大而深远的意义。

一是强化数字经济安全体系建设有助于支撑国家安全发展全局。近年来,数字化浪潮席卷全球,万物互联逐渐成为现实,物理世界与网络空间的界限愈发模糊。网络空间已经成为继陆地、海洋、天空、外层太空之外,人类活动的第五空间,成为国家利益的新边疆。网络安全牵一发而动全身,已经深刻影响政治、经济、文化、社会、军事等各领域。新形势下,需要我们进一步提高对数字安全工作重要性、紧迫性的认识,因势而谋,应势而动,顺势而为,不断增强网络安全防护能力,提升数据安全保障水平,有效应对全球复杂多变的安全形势,为国家安全和发展营造良好环境。

二是强化数字经济安全体系建设有助于保障经济社会稳定运行。随着数字化转型不断深入,互联网平台在各领域广泛应用,以网络为载体承载的大量业务,在极大地提升经济社会运行效率、方便人们生产生活的同时,在客观上也增加了设备在网络上的暴露面,网络安全威胁加剧。特别是伴随数字孪生、万物互联的持续演进,网络安全与各领域物理安全问题相互交织,作为关乎国计民生稳定运行的重要行业领域,一旦遭到破坏,对经济社会运转带来的危害难以估量。这要求我们要不断增强风险意识,树立安全发展理念,把防控数字经济安全风险工作摆在突出位置来抓,既要运用发展的成果为实现更高水平、更有效率的安全提供条件,又要运用安全的能力为实现更高质量、更可持续的

---

① 中共中央党史和文献研究院编:《习近平关于网络强国论述摘编》,中央文献出版社2021年版,第97—98页。

发展提供保障,让数字安全与经济社会稳定运行同频共振、同向聚合、同步发力。

三是强化数字经济安全体系建设有助于维护广大人民的切身利益。近年来,随着数字经济蓬勃发展,互联网走进了千家万户,截至 2021 年 12 月,我国网民规模为 10.32 亿人,较 2020 年 12 月新增网民 4296 万人,互联网普及率达 73.0%,同比提升 2.6 个百分点。① 我国已经成为"网络大国",上网已是广大网民最重要的生活方式之一,网络空间已经成为亿万民众共同的精神家园,亿万网民在上面获得信息、交流信息,这会对他们的求知途径、思维方式、价值观念产生重要影响,特别是会影响他们对国家、对社会、对工作、对人生的看法。发展为了人民、发展依靠人民、发展成果由人民共享,不断实现人民对美好生活的向往,这是维护数字安全、推动数字经济高质量发展的根本目标。

"十四五"时期是我国全面建成小康社会、实现第一个百年奋斗目标之后,乘势而上开启全面建设社会主义现代化国家新征程、向第二个百年奋斗目标进军的第一个五年。站在这样一个全新的起点,要深刻认识数字经济安全体系建设的重要意义,切实提高防范和抵御安全风险能力,全面筑牢数字安全屏障。

第一,进一步增强网络安全防护能力。一是强化落实网络安全技术措施同步规划、同步建设、同步使用的要求;二是加强网络安全基础设施建设,健全网络安全应急事件预警通报机制,提升网络安全态势感知、威胁发现、协同处置等能力;三是加强电信、金融、能源、交通运输、水利等重要行业领域关键信息基础设施网络安全防护能力;四是推动网络安全技术创新和产业发展,促进网络安全技术应用,加强网络安全宣传教育和人才培养。

第二,进一步提升数据安全保障水平。一是建立健全数据安全治理体系,

① 中国互联网络信息中心:《第 49 次中国互联网络发展状况统计报告》。

研究完善行业数据安全管理政策,规范数据采集、传输、存储、处理、共享、销毁全生命周期管理,健全完善数据跨境流动安全管理相关制度规范;二是加强重要数据安全保护,建立完善数据分类分级保护制度,依法依规加强政务数据安全保护,增强重点行业数据安全保障能力;三是提升个人信息保护和安全监管能力,规范身份信息、隐私信息、生物特征信息的采集、传输和使用,加强对收集使用个人信息的安全监管能力。

第三,进一步切实有效防范各类风险。一是加强经济安全风险综合研判,坚持金融活动全部纳入金融监管,加强动态监测,规范数字金融有序创新,严防衍生业务风险;二是防范数字技术应用安全风险,引导企业在法律合规、数据管理、新技术应用等领域完善自律机制,防范数字技术应用风险;三是积极防范可能引发的各类社会稳定问题,健全灵活就业人员参加社会保险制度和劳动者权益保障制度,探索建立新业态企业劳动保障信用评价、守信激励和失信惩戒等制度,着力推动数字经济普惠共享发展。

64. 如何增强网络安全防护能力?

网络安全是指通过采取必要措施,防范对网络的攻击、侵入、干扰、破坏和非法使用以及意外事故,使网络处于稳定可靠运行的状态,以及保障网络数据的完整性、保密性、可用性的能力。从这个概念来讲,网络安全既包括传统的网络系统安全,也包括网络运行安全、网络数据安全。因此,网络安全防护能力不但包括重要行业领域关键信息基础设施网络安全防护能力,还包括网络安全态势感知、威胁发现、应急指挥、协同处置等能力,以及新技术创新研发利用和安全风险防范能力。增强网络安全防护能力,是营造良好数字生态,有效防范和化解数字经济多重风险挑战的重要举措。

近年来,数字经济发展速度快、辐射范围广、影响程度深,正推动生产方式、生活方式和治理方式深刻变革,成为重组全球要素资源、重塑全球经济结构、改变全球竞争格局的关键力量。与此同时,现有网络安全能力逐渐无法满足新形势下数字经济发展的要求。一方面,数字经济发展给现有网络安全监管体系带来挑战。数字时代新业态丰富、市场主体众多,具有跨界融合等特点,给传统监管体系带来新的挑战。与此同时,万物互联时代,网络摄像头、路由器等大量设备接入互联网,物联网渐成网络安全的"重灾区",基于人工智能"视频变脸"技术伪造人物影音影像,针对语音识别应用程序实施人耳无法感知的"海豚攻击",利用人工智能应用程序重构恶意软件以规避智能防病毒程序的监测等,给网络安全监管体系带来了全新的挑战。另一方面,数字经济发展给现有网络安全防护能力带来挑战。数字经济背景下,网络安全问题从传统的网络空间向物理世界延伸,网络安全防护不仅要防范网络中断、系统瘫痪和数据泄露等风险,保障"线上"网络系统安全可靠运转,更要进一步保障"线下"经济社会运行秩序稳定。此外,过去"先应用、后安全""先发展、后安全"的网络安全保障理念,"打打补丁""局部整改""事后补救"的网络安全防护策略,以及靠装几个安全设备和安全软件就想永保安全的网络安全保障措施已经不合时宜。

习近平总书记强调,要树立正确的网络安全观,加强信息基础设施网络安全防护,加强网络安全信息统筹机制、手段、平台建设,加强网络安全事件应急指挥能力建设,积极发展网络安全产业,做到关口前移,防患于未然。因此,在增强网络安全防护能力中,必须牢固树立正确的网络安全观,全面加强网络安全防护体系和能力建设。[①]

第一,健全完善网络安全管理制度体系。树立网络安全底线思维,牢牢把握"统筹发展和安全"的内涵,要健全完善网络安全制度体系,厘清网络

[①] 《国家网络安全知识百问》,人民出版社 2020 年版,第 1 页。

安全管理主体责任边界,强化监管职能,压实主体责任;统筹全局开展数字安全顶层设计,确保网络信息安全与信息化建设项目同步规划、同步建设、同步运行;建立健全各行业领域安全管理规则、制度和工作机制,完善跨部门、跨领域、跨层级网络安全信息共享、应急事件预警通报和协同联动机制。

第二,加强网络安全基础设施建设。在数字化建设大潮中,增强网络安全防护能力,加强网络安全基础设施建设已成为全社会的共识。要充分理解网络安全基础设施的内涵,深刻认识网络安全基础设施建设的重要意义,结合本部门、本地区信息化发展和网络安全保障需求,按照集中建设、综合利用、资源共享的原则,充分整合现有网络安全系统和平台,统筹开展网络安全基础设施的建设。强化跨领域网络安全信息共享和工作协同,提升网络安全威胁发现、监测预警、应急指挥、攻击溯源能力。

第三,提升关键设施和重要系统网络安全保障水平。充分发挥现有的网络安全等级保护和密码应用安全性评估效能,增强信息技术产品和系统隐患的发现能力;加强对电信、金融、能源、交通运输、水利等重要行业领域数字基础设施的安全审查,加快建立网络空间安全态势感知体系,强化数据备份和系统容错能力,完善网络安全突发事件和应急处置能力,增强应对网络安全风险的能力。

第四,推动网络安全技术创新和产业发展。强化网络安全人才培养,积极营造有利于网络安全产业创新发展的生态环境,培育一批具有全球竞争力的网络安全骨干企业,加快建设网络安全产业集聚高地,培育壮大网络安全产业规模;鼓励政、产、学、研、用、测多元主体联合开展核心技术攻关和协同创新,围绕关键信息基础设施、大数据、云计算、物联网、人工智能、5G 等新一代信息技术领域,推动网络安全核心技术的突破,积极把握、主动应对新技术新应用新模式带来的安全需求,充分利用先进技术、先进产品赋能网络安全,营造良好产业生态和创新环境,提升网络安全保障能力和水平。

65. 我国在强化网络安全保障方面做了哪些制度设计和安排？

近年来,在以习近平同志为核心的党中央坚强领导下,以总体国家安全观为指导,坚持以人民为中心、统筹安全与发展的理念,不断完善国家网络安全工作顶层设计和总体布局,各项工作取得积极进展。

第一,国家网络安全法律法规体系正在逐步形成。为适应国家网络安全工作的新形势新任务,我国陆续颁布并实施了《中华人民共和国网络安全法》《中华人民共和国数据安全法》和《中华人民共和国个人信息保护法》,为做好新时代网络安全和信息化工作、扎实推进网络强国建设提供了强有力的法治保障。此外,《中华人民共和国密码法》等法律法规,进一步强化了网络安全防护要求,为网络安全保护能力建设筑牢了法律法规屏障。

表 1　我国网络安全法律法规体系

序号	法律名称	颁布时间	核心价值
1	《中华人民共和国网络安全法》	2016 年 11 月 7 日第十二届全国人民代表大会常务委员会第二十四次会议通过;自 2017 年 6 月 1 日起施行	我国第一部全面规范网络空间安全管理方面问题的基础性法律,是我国网络空间法治建设的重要里程碑,是依法治网、化解网络风险的法律重器,是让互联网在法治轨道上健康运行的重要保障
2	《中华人民共和国数据安全法》	2021 年 6 月 10 日第十三届全国人民代表大会常务委员会第二十九次会议通过;自 2021 年 9 月 1 日起施行	我国数据安全领域的基础性法律,重点确立了数据安全保护的各项基本制度,完善了数据分类分级、重要数据保护、跨境数据流动和数据交易管理等多项重要制度,形成了我国数据安全的顶层设计

续表

序号	法律名称	颁布时间	核心价值
3	《中华人民共和国个人信息保护法》	2021年8月20日第十三届全国人民代表大会常务委员会第三十次会议通过;自2021年11月1日起施行	我国第一部个人信息保护方面的专门法律,个人信息保护法正式颁布,为个人信息处理活动提供了明确的法律依据,为个人维护其个人信息权益提供了充分保障,为企业合规处理提供了操作指引

第二,国家网络安全政策框架体系基本建立。为保障互联网健康发展,陆续出台了《互联网论坛社区服务管理规定》《互联网群组信息服务管理规定》《互联网直播服务管理规定》等系列文件;为强化数据安全保护,出台了《儿童个人信息网络保护规定》《汽车数据安全管理若干规定(试行)》《关于加强车联网网络安全和数据安全工作的通知》等系列文件;为促进产业发展,出台了《关于开展网络安全技术应用试点示范工作的通知》《关于开展车联网身份认证和安全信任试点工作的通知》。此外,还就网络安全监测预警、网络安全事件应急处置出台了相关规章制度,多维度、多视角、多层次建立健全国家网络安全政策框架体系。

第三,国家网络安全标准体系日益完善。全国信息安全标准化技术委员会(SAC/TC260)在国家标准委的领导下,对网络安全国家标准进行统一技术归口,统一组织申报、送审和报批。截至2020年12月,已归口管理并正式发布300余项网络安全国家标准,覆盖密码、鉴别与授权、通信安全、信息安全评估、信息安全管理及大数据、云计算、物联网等新技术新应用安全领域,逐步建立了以基础、技术、管理、测评为基本类型,以产品与服务、网络与通信、数据与信息、新技术应用等为规范对象和发展方向的多维度立体化网络安全国家标准体系框架。

站在"十四五"这样一个全新的起点,要继续建立健全法律法规、政策制度和标准规范,从顶层设计和总体布局上全面强化网络安全防护能力制度保障。一方面,继续夯实法律法规和制度保障。以推动数字经济发展为导向,以《中华人民共和国网络安全法》《中华人民共和国数据安全法》《中华人民共和国个人信息保护法》等现有法律法规和政策制度为基础,不断补齐数字经济安全法律法规和政策制度短板,充分释放现有法律法规和政策制度体系对数字经济发展的促进作用,为数字经济发展营造良好生态。另一方面,不断建立健全国家标准规范。不断完善重要数据识别规则和保护要求,以及身份信息、生物特征信息等个人隐私信息的采集、传输和使用规范,结合数字经济发展需求,不断修订完善网络安全评估、网络安全管理及大数据、云计算、物联网、人工智能等新技术新应用安全标准规范,从标准层面进一步强化网络安全防护能力。

66. 如何加快发展网络安全产业体系?

网络安全产业作为新兴数字产业,是维护国家网络空间安全和发展利益的网络安全技术、产品生产和服务活动,是建设制造强国和网络强国的基础保障。网络安全产业体系既包括引导和推动网络安全产业发展的政策制度、战略布局,也包括网络安全技术创新、成果转化和产品应用以及网络安全人才队伍建设等相关内容,是维护国家网络安全的重要储备力量。我国网络安全产业经过多年的发展已取得显著成绩,市场规模不断扩大(见图3),相关产品与技术得到广泛应用,服务水平不断提升,对于增强国家网络安全防护能力提供了重要支撑。

但是,面对当前网络安全发展的新形势新格局,我国网络安全产业发展仍有待进一步完善和提高。一方面,核心技术攻关需要持续支持。技术创新需要对人才和技术研究进行比较长期的投入。然而大部分安全企业规模小,企业融资合作缺少有效机制引导,部分企业缺乏创新投入的勇气和积极性,技术

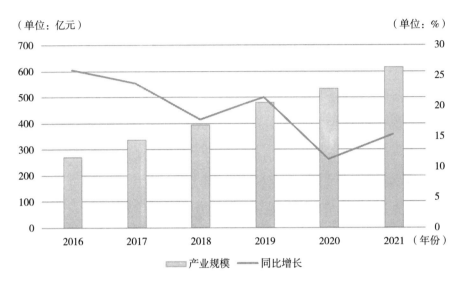

（单位：亿元）　　　　　　　　　　　　　　　　　　　　　　（单位：%）

图3　2016—2021年我国网络安全产业市场规模及增速

数据来源：中国网络安全产业联盟：《中国网络安全产业分析报告（2022年）》。

和产品竞争力有待提升。另一方面，市场潜在需求尚未充分激发。网络安全企业缺乏场景化认知和思维，网络安全市场还处于通用产品供应为主的阶段，很多潜在的市场需求尚未被充分激发。

当前，我国数字经济高速发展，作为强化数字经济安全体系的重要支撑力量，网络安全产业体系还无法满足数字经济高质量发展的要求。因此，在下一步工作中，应多措并举，加快发展网络安全产业体系。

第一，强化网络安全产业政策引导。进一步健全完善促进我国网络安全产业健康发展的政策，统筹规划网络安全产业布局，加快培育我国网络安全龙头企业，充分发挥市场机制和政府调节作用，深化网络安全在各行业创新应用，促进网络安全需求释放，切实增加投入；完善招投标机制，降低企业规模门槛和业绩门槛，鼓励有技术实力的中小型网络安全企业参与竞争。加强事中事后监管，完善监测和惩戒机制，营造宽松公平、竞争有序的市场环境；引导社会资金投入，优化完善产融合作机制，有效发挥资本赋能作用，扩大我国网络安全产业市场规模。

第二，推动网络安全核心技术创新。支持企业、高校、科研机构等突破核心技术，汇聚政产学研用各方力量，开展技术联合攻关。大力推动漏洞挖掘、病毒查杀、边界防护、入侵防御、源码检测、数据保护等网络安全产品演进升级，着力提升隐患排查、态势感知、应急处置和追踪溯源能力；加强下一代互联网、工业互联网、物联网、车联网等新兴领域网络安全威胁和风险分析，大力推动相关场景下的网络安全技术产品研发；支持云计算、大数据、人工智能、量子计算等技术在网络安全领域的应用，着力提升威胁情报分析、智能监测预警、加密通信等网络安全防御能力；积极探索拟态防御、可信计算、零信任安全等网络安全新理念、新架构，推动网络安全理论和技术创新。

第三，壮大网络安全服务应用市场。积极创新网络安全服务模式，针对网络安全专业性强、技术演进快、应用难度大等特点，鼓励网络安全企业提供安全服务和解决方案。鼓励基础电信企业和云服务提供商发挥网络资源优势，面向客户提供网络安全监测预警、攻击防护、应急保障等增值服务；鼓励发展面向智慧城市建设、电子政务等领域的网络安全一体化运营外包服务。

第四，优化网络安全产业生态。进一步营造有利于网络安全产业创新发展的生态环境，加快建设网络安全产业集聚高地，鼓励龙头骨干企业整合网络安全创新链、产业链、价值链，建立开放性网络安全技术研发、标准验证、成果转化平台，畅通创新能力对接转化渠道，实现大中小企业之间多维度、多触点的创新能力共享、创新成果转化和品牌协同；着力培育主营业务突出、竞争能力强、成长性好的网络安全中小企业，鼓励以专业化分工、服务外包、共享研发等方式与大企业相互合作，形成协同共赢格局；充分调动各类园区、企业、科研院所、金融机构等主体的积极性和主动性，鼓励集聚、集约、关联、成链、合作发展。充分发挥科技支撑引领作用，推动产业共性技术研发和推广应用，引导创新资源集聚。鼓励企业、研究机构、高校、行业组织等积极参与制定网络安全相关国家标准、行业标准。

第五,建设多层次网络安全人才队伍。积极推进网络安全教育,加快网络安全从业人员培养,提供大量优质的网络安全产业人才。对高等院校网络安全专业人才,将知识学习与技能实践结合,通过深入一线安防企业进行磨炼、组织网络攻防竞赛等形式,强化实战技能;以网络安全从业为目标,通过扩大高等职业教育网络安全人才培养范围,训练更多实用技能型人才,优先满足工业企业等的网络安全人才需求;加强网络安全技术和产业的对外合作交流,鼓励工业企业设立海外研发中心,引进海外人才。

67. 如何理解建立健全数据安全治理体系?

当前,随着全球各行业数字化转型加速,数据价值进一步凸显,数据泄露事件持续发生,涉及医疗信息、账户凭证、个人信息、企业电子邮件及企业内部敏感数据等各种信息,覆盖的领域包括工业制造、政务、医疗、金融、交通等。一方面,数据安全风险的影响范围不断扩大。近年来,数字技术加速向经济社会各领域融合,各行各业的内部资料、资源以及公民的个人隐私信息,都不同程度地进入了信息化的进程。数据安全事件的影响范围从最初的"点对点"已经变成了"面对面",互联网数据的涵盖范围从专业的行业数据向普通公民扩散,数据泄露、损毁、滥用等带来的危害已经影响到全球各国。另一方面,数据安全风险的防范难度不断提高。随着物联网、人工智能、大数据、云计算等前沿技术不断发展,数据产生和存储方式的不断变化、数据类型的多种多样、数据运用手段的迭代升级给数据安全风险防范工作带来了极大的挑战。同时,越来越多的犯罪分子利用加密资产开展新型网络犯罪,犯罪手段也日益呈现多样化特点。

习近平总书记指出,要加强关键信息基础设施安全保护,强化国家关键数据资源保护能力,增强数据安全预警和溯源能力。要加强政策、监管、法律的统筹协调,加快法规制度建设。要制定数据资源确权、开放、流通、交易相关制度,完善数据产权保护制度。要加大对技术专利、数字版权、数字内容产品及个人隐私等的保护力度,维护广大人民群众利益、社会稳定、国家安全。要加强国际数据治理政策储备和治理规则研究,提出中国方案。① 传统的治理体系、机制与规则难以适应数字化发展所带来的变革,需尽快构建数字治理体系。

第一,完善数据安全制度建设。为数据治理提供法律保障,不单是以法律规范来约束数据安全边界,还应建立健全数据要素的市场规则,当前,数据要素的市场规则还有待进一步明晰,包含数据的资产地位确立、管理体制机制、共享与开放、安全与隐私保护等内容,需要从制度法规、标准规范等方面提供支撑。通过制定数据资源产权、流通交易、收益分配、安全治理相关制度,并完善数据产权保护制度,来确立数据的权属、使用、交易和共享机制等市场规则,进而充分激发数字市场主体的创新活力,让数据在法治轨道上规范流动。

第二,打造多元共治的新格局。数据治理是一项涉及诸多方面的复杂工程,需要政府部门、科研机构、企事业单位、行业组织、个人等多元主体的共同参与,充分发挥各自优势,承担数据安全治理主体责任,共同营造适应数字经济时代要求的协调治理模式。因此,在数据安全治理体系中,要在确保数据安全的前提下,建立健全政府监管、平台自治、行业自律、公众参与的多元共治体系,并通过法律规范明确不同主体的权利义务关系,让企业、个人和相关部门在各自边界内依法依规使用数据。

第三,强化重要数据和个人信息保护。重要数据是以电子方式存在的,一旦遭到篡改、破坏、泄露或者非法获取、非法利用,可能危害国家安全、公共利

---

① 中共中央党史和文献研究院编:《习近平关于网络强国论述摘编》,中央文献出版社2021年版,第97页。

益的数据;不包括国家秘密和个人信息,但基于海量个人信息形成的统计数据、衍生数据有可能属于重要数据;个人信息是以电子或者其他方式记录的能够单独或者与其他信息结合识别特定自然人身份或者反映特定自然人活动情况的各种信息,包括但不限于自然人的姓名、出生日期、身份证件号码、个人生物识别信息、住址、电话号码等。两者构成了我国数据安全的核心内容,是确保经济发展、社会稳定、国家安全的重要组成部分。因此,重要数据和个人信息保护,是数据安全治理的核心内容,是建立健全数据安全治理体系亟须关注的首要目标。

68. 我国对于强化个人信息保护做了哪些制度设计?

习近平总书记在全国网络安全和信息化工作会议上强调,网信事业发展必须贯彻以人民为中心的发展思想,把增进人民福祉作为信息化发展的出发点和落脚点,让人民群众在信息化发展中有更多获得感、幸福感、安全感。近年来,我国已在一定程度上形成了多层次、多领域的个人信息保护体系,包括法律法规、政策文件及国家标准等。

第一,出台首部专门针对个人信息保护的法律文件。2021年,第十三届全国人民代表大会常务委员会第三十次会议通过了《中华人民共和国个人信息保护法》,为个人信息处理活动提供了明确的法律依据,为个人维护其个人信息权益提供了充分保障,为企业合规处理提供了操作指引,构建了完整的个人信息保护框架,其规定涵盖了个人信息的范围以及个人信息从收集、存储到使用、加工、传输、提供、公开、删除等所有处理过程;明确赋予了个人对其信息控制的相关权利,并确认与个人权利相对应的个人信息处理者的义务及法律责任;对个人信息出境问题、个人信息保护的部门职责、相关法律责任进行了规定。这体现了我国政府维护公民基本权益的决心,为个人信息的规范化收集与利用提供了保障。

第二,不断健全个人信息采集治理等相关政策制度。国家互联网信息办公室发布了《儿童个人信息网络保护规定》,这是我国在儿童个人信息网络保护方面制定的首部专门制度,标志着我国儿童个人信息网络保护进入新阶段,此外,工业和信息化部等相关部门还印发了《电信和互联网用户个人信息保护规定》;在打击整治网络侵犯公民个人信息犯罪专项行动层面,中央网信办、工业和信息化部、公安部、市场监管总局联合陆续印发了《关于开展 App 违法违规收集使用个人信息专项治理的公告》《App 违法违规收集使用个人信息行为认定方法》《常见类型移动互联网应用程序(App)必要个人信息范围规定》,在全国范围组织开展 App 违法违规收集使用个人信息专项治理,同时,对主要违法违规情形作出具体规定,既填补了操作规则上的空白,也为 App 运营者自查自纠提供了指引。

第三,不断完善个人信息保护技术、管理等标准规范。《中华人民共和国个人信息保护法》等法律法规出台后,一系列细化的国家标准陆续出台。如《信息安全技术　人脸识别数据安全要求》《信息安全技术　步态识别数据安全要求》《信息安全技术　声纹识别数据安全要求》《信息安全技术　基因识别数据安全要求》等。此外,各领域对行业个人信息保护提供指导,例如《寄递服务用户个人信息保护指南》《电信和互联网服务用户个人信息保护技术要求　即时通信服务》《个人金融信息保护技术规范》等相关标准规范为行业开展个人信息保护提供重要参考。

个人信息是宝贵的数字资产,加强个人信息保护,规范个人信息获取及使用,不仅事关个人权益的维护,也关系到数字经济健康发展。在下一步工作中,要不断健全个人信息保护的综合治理体系。一是不断完善个人信息保护规章制度。以《中华人民共和国个人信息保护法》《中华人民共和国民法典》等法律法规为抓手,结合未来信息化与网络安全发展态势和个人信息使用场景,不断完善个人信息保护规章制度,规范身份信息、生物特征信息等个人隐私信息的采集、传输、存储和使用。二是加强重点行业个人信息治理机制。推动重点行业建立完善长效保护机制,强化企业主体责任,规范企业采集使用个人信息行为;加强对生物特征等敏感个人信息的保护,深化违法违规收集使用个人信息治理,坚决打击非法买卖个人信息、侵犯公民隐私等各类违法犯罪活动。三是提升广大人民群众个人信息保护意识。完善个人信息安全事件举报受理渠道,切实维护广大网民合法权益;深入开展个人信息安全防护知识技能宣传普及,提升全社会网络安全和数据安全意识。

69. 在完善数据跨境流动安全方面全球有哪些探索?

数据跨境流动是全球数字经济蓬勃发展的重要推动力。作为数字经济驱动的产物,数据跨境流动正受到越来越多国家的重视。通过制定数据跨境流动政策从而引导国际贸易规则的制定,正成为国家和地区间数字经济博弈的新领域。跨境数据流动从过去关注技术问题和个人隐私保护问题,逐渐演变为包括国家安全、数据主权、经济要素等的综合性议题。近年来,全球主要国家和地区不断加强数据跨境流动安全保护力度和保障能力,出台了相关法律法规,开展了一系列探索与实践。梳理全球主要国家和地区数据跨境流动安全方面的举措,主要有以下几种类型。

第一,同等保护水平条件下促进数据跨境流动。欧盟始终坚持高标准保护个人数据跨境流动安全,在 1995 年《个人数据保护指令》和 2018 年《通用数据保护条例》(GDPR)中均将同等数据保护水平作为欧盟数据跨境流动遵循的基本原则,要求境外国家只有在提供与欧盟同等数据保护水平的情况下,才允许个人数据跨境传输。对于不具备"同等保护水平"的国家或地区,欧盟也规定了例外情形,如数据主体同意、为履行合同义务、为保护重大公共利益、为保护数据主体及他人的重大利益等情况下,欧盟可以向不具备"同等保护水平"的国家或地区传输个人数据。欧盟在全球积极推广其数据保护制度,期望引领国际数据流动和安全保护规则制定,不断扩展可以实现数据自由流动的地区。

第二,数据自由流动原则下限制关键领域数据跨境。美国基于其数字产业优势和经济全球化发展需求,主张数据跨境自由流动。但同时,美国也考虑到国家安全因素,采取了一系列措施来严格限制关键领域数据跨境传输。在具体做法上,一是平衡数据自由流动和个人隐私保护,美国积极推动形成双边或者多边协议,例如美国和欧盟先后达成数据安全港协议、数据隐私盾协议,旨在推动个人数据跨境安全流动;美国通过亚太经济合作组织(APEC)积极推进 APEC 跨境隐私保护规则体系(CBPRs),并建立了隐私执法机构跨境合作、问责代理机构认可机制和商业机构隐私保护认证机制,通过认证的商业机构实现自由的跨境数据传输。二是美国严格管控关键领域数据跨境传输,美国虽然没有专门的数据跨境流动法律,但对关键领域重要数据、敏感个人数据、大规模商业数据等跨境传输有严格的管控要求。美国《出口管理条例》(EAR)对核心技术数据和关键领域数据限制出口。美国于 2020 年 2 月发布实施的《外国投资风险审查现代化法案》(FIRRMA),将敏感个人数据视为国家安全的组成要素,将涉及敏感个人数据交易纳入国外投资安全审查范围。

第三,实施数据本地化或限制性数据跨境流动。除了欧美等发达经济体提出较为鲜明和系统化的政策之外,其他新兴经济体大都从数据主权、网络安全日益关切的立场出发制定相关法律法规。总体而言,对跨境数据流动安全保护措施主要包括:一是要求跨国企业在本国开展业务或提供服务时须在本国境内建立数据中心,将在本国境内建立数据中心作为跨国公司市场进入的条件之一。以越南为例,越南 2013 年出台法律要求在境内的所有网络信息和服务提供者,如 Google、Facebook 等全球互联网公司在越南开展业务时须建立新的数据中心。二是对数据存储和服务器地址提出本地化要求。以俄罗斯为例,俄罗斯现行法律法规并未对个人数据出境作特别严格的限制,但要求数据首次存储须在俄罗斯境内服务器上,同时划定数据自由流动范围,通过《联邦数据保护法》承认加入"108 号公约"的国家为个人数据提供了充分的保护。此外,印度《个人数据保护法》也提出,强制要求关键个人数据仅在印度境内存储和处理。

近年来,围绕跨境数据流动,我国也开展了相关探索。一方面,通过法律法规,明确了重要数据和个人信息出境的基本框架,并要求通过数据出境安全评估来防范安全风险。另一方面,发起了《全球数据安全倡议》,提出积极维护全球供应链安全、反对利用信息技术破坏他国关键基础设施或窃取重要数据、反对强制要求本国企业将境外产生或获取的数据存储在境内、反对未经他国允许直接向企业或个人调取境外数据、反对企业在产品和服务中设置后门等一系列倡议。

70. 如何理解金融活动全部纳入金融监管?

近年来,中国金融数字化快速发展,金融创新速度与科技水平同步提升,数字经济时代金融活动机遇和挑战并存。在机遇层面,信息技术的创新运用始终伴随金融改革发展进程,涌现出大量新的金融产品,产生了众多的新型机构和交叉领域。在挑战层面,金融消费者与投资者的保护仍不充分,部分金融活动可能导致形成行业垄断,可能存在技术安全风险等。如果这些问题长期得不到妥善解决很有可能发展为金融危机的导火索。

党的十九大把防范化解重大风险作为决胜全面建成小康社会三大攻坚战的首要战役,金融活经济活,金融稳经济稳,维护金融安全和发展关乎我国经济社会发展全局。金融监管是管理和控制金融风险、促进金融安全和发展的有效制度保障。如何构建和完善符合当今世界金融发展趋势和我国基本国情的现代金融监管体系,在推进金融健康稳定发展的同时,坚决守住不发生系统性金融风险底线,成为我们必须思考的课题。

中央财经委员会第九次会议提出"金融活动要全部纳入金融监管",这不是要遏制金融创新,而是要规范金融创新。此外,《关于推动银行业和保险业高质量发展的指导意见》《关于进一步规范商业银行互联网贷款业务的通知》等相关文件中都明确提出要筑牢风险"防火墙",严防非法金融活动风险向银行保险机构传染渗透,加强地方金融监督管理,规范监督管理行为,防范和化解区域性金融风险,促进地方金融健康发展。可以看出我国金融监管实现全覆盖、不留死角势在必行。当然,不仅要做到监管"无死角",实现事前事中事后全链条监管,也要让监管与时俱进,加快提升监管能力和水平,增强监管权威性,优化监管框架。

第一,加强金融监管体制顶层设计,明确中央和地方金融监管职责分工及配套措施。我国应加强宏观审慎管理,积极推进金融监管体制顶层机制改革,强化监管协调和共享机制,建立横向和纵向的协调机制。同时,坚持金融管理主要是中央事权的前提下,发挥金融委办公室地方协调机制的作用,理顺中央金融管理和地方金融监管的关系,明确和改进中央和地方在金融监管、风险处置方面的分工与协同,加强地方金融监管制度供给,促进地方金融监管有效补充。

第二,动态调整金融监管标准和政策,强化金融消费者保护和信息披露水平。金融科技创新和综合经营的快速发展,导致全球金融风险结构复杂化,加大金融风险传染程度,需要持续开展监管风险监测评估,在经济不同周期锚定金融风险的重点领域、重点机构,突出金融回归本业和服务实体经济,动态优化调整监管标准、规则和政策。与此同时,借鉴国外发达国家的经验,金融监管应重视对金融消费者的保护,加强机构和制度建设。其中,信息披露是完善金融消费者保护机制最直接有效的措施,要在法律、制度层面加大信息披露的强制性和约束力,制定强制信息披露标准,严格落实"穿透式"监管要求,明确信息披露的义务和内容,减少金融消费领域信息不对称现象。

第三,健全完善金融监管法律法规,不留金融活动监管死角。加快推进金融基础设施、监管科技建设和管理办法出台实施,制定与国际规则有效衔接且符合我国国情的监管与运营标准,明确监管科技的一般规则,健全完善金融监管法律法规。一是从法律上明确金融活动的法律界定、行为规范等;二是完善金融中介机构的制度性文件,规范互联网银行理财、信托理财、金融租赁等互联网金融新兴行业的行为准则、操作规程,防范风险;三是尽快完善打击非法金融活动中监测、认定、处置各环节的制度细则。通过立法努力将金融活动全部纳入金融监管,不留金融活动的监管死角。

第四,适时开展智能监管,提升其个性化、精细化水平。可以积极使用大数据和云计算等新兴技术,适时开展智能监管,科技手段对传统金融监管也是有益补充,能有力提升其个性化、精细化水平。应加强统筹规划、提升监管的智能化和穿透性。此外,对于大型金融科技公司,监管应完善对大型金融科技公司的监管框架,加强对金融消费者与投资者的保护,加强反垄断监管,建立健全应急管理机制,加强国际监管协调。

71. 灵活就业的工伤保险制度的设计思路是怎样的?

灵活就业是指在劳动时间、收入报酬、工作场所、保险福利、劳动关系等方面不同于建立在工商业制度和现代企业制度基础上的传统主流就业方式的各种就业形式的总称。近年来,随着数字经济高速发展,灵活就业者规模迅速增大,构成我国劳动力市场的重要组成部分。目前,灵活就业的岗位主要集中在近些年兴起的主播、自媒体、配音、电竞、电商等产业。

灵活就业在提升企业效率、提高企业灵活性、增强企业抗风险能力,充分发挥劳动主体功能,以及降低企业成本方面有着传统就业不可比拟的优势。然而,我们也应该意识到,由于灵活就业的新业态发展日新月异,传统的制度难以完全监管覆盖,灵活就业人员的保障问题亟须重视。灵活就业的工伤保险就是其中的典型,值得探讨。

目前,灵活就业人员在参加工伤保险方面存在以下几个问题:一是无缴费主体。按照政策的规定,工伤保险参保的主体是用人单位,缴费的主体也是用人单位。灵活就业人员作为自然人,不能参加工伤保险。二是劳动关系无法确定或者不存在劳动关系。按照《工伤保险条例》规定,工伤认定通常以劳动者和用人单位有劳动关系为前提。但是,大部分灵活就业者和用人单位之间并未签订劳动合同,只存在口头协议。还有一部分劳动者就不存在劳动关系,比如众包外卖骑手。如果出现事故伤害,因为没有劳动关系,致使无法明确认定工伤。三是工伤保险缴费费率确定困难。部分平台从业人员属于高风险群体,缺少与之匹配的工伤保险费率设定。以外卖配送行业为例,按照现行的工伤保险费率规定,外卖配送划归工伤保险行业分类费率表中的服务行业类别,属于风险较小行业,但对外卖骑手来说,其意外工伤事故发生率高,工伤发生率会远高于服务业中的其他职业。四是缴费基数无法确定。因为灵活就业人员的收入不稳定,每个月份多少不一,有的月份甚至会毫无收入,且具体收入无法有效监管。同时,由于部分灵活就业者具有较大的流动性,部分人员无法确定具体工作时间,这种情况下,就无法明确灵活就业者的具体工资收入,也就无法确定具体缴费基数。

灵活就业的工伤保险制度是一种以人为本的国家强制社会保险制度,它集预防、赔偿、补偿为一体,具有商业保险无法替代的功能。灵活就业的工伤保险制度符合从属性要求的灵活就业劳动者纳入工伤保险体系,通过救济办法的合理社会化,既能为遭受工作伤害的劳动者提供及时、稳定而有效的保障,也能分散用人单位的工伤风险。灵活就业工伤保险制度设计思路主要包括以下四个方面。

第一,扩大工伤保险的被保险人范围。新就业形态下的灵活就业者与标准劳动关系下的劳动者在劳动的过程中并无本质区别,都是通过向社会提供劳动的方式获得劳动报酬,并在此过程中面临着不确定的工伤风险,理应与标准劳动关系下的劳动者一样享有工伤保险权利。在覆盖主体范围上应具有开放性,将户籍、职业性质、用工形式等排除在准入门槛之外。其中,与传统工作关系相比依赖性较小的灵活员工应包括在雇佣类别中,使所有从业人员不论其就业状况如何都有权得到充分的社会保障。

第二,明确缴费主体并规定强制缴费义务。根据现行的《工伤保险条例》第七条规定,工伤保险的缴费责任由用人单位承担,该规定的理论基础是确定用人单位的事故预防责任,并将赔偿责任转移至保险机制。面对灵活就业方式的变化,工伤保险的缴费机制应当作出相应的变革。首先,灵活就业者个人应当承担部分费用。虽然在本质上其仍然是以劳动者的身份参与到用工方的发展和运营当中,但是其对于用工方的从属性尤其是人格从属性方面远不能与传统劳动者相比,对工伤风险的发生具有更强的掌控力。其次,用工主体需要对灵活就业者进行一定的管理与控制,并依靠灵活就业者取得收益,所以理应尽到风险防范义务并承担损害赔偿风险,承担起支付部分工伤保险费用的职责。最后,政府也应当提供一定的保险费用补贴以充实工伤保险基金。在倡导各方进行缴费的基础上规定强制缴费义务,以解决部分灵活就业者安全保险意识不高、用工方为了自身利益最大化而缴费积极性不高的现象,保证灵活就业者能够享受工伤保险待遇。

第三,改变工伤认定规则。首先,需构建以工作原因为核心的职业伤害认定标准。对现行以工作时间、工作地点、工作原因为核心的工伤认定标准进行适当修正,严格遵循与工作关联的事物法则,即以工作原因为核心标准来判断是否为职业伤害。考虑到新业态从业模式中具有工作时间零碎化、工作地点分散化以及工作方式灵活化的特点,在判断是否属于职业伤害时,应着重把握住伤害与工作是否具有因果联系这一核心要素,适当弱化对工作时间、地点要素的考量。其次,灵活就业者应在认定中承担主要举证责任。现行劳动法中基于倾斜保护劳动者理念,工伤事故的事实认定和举证责任多是由用人单位承担,但新模式中劳动者对劳动过程和工作地点的控制能力更强,劳资双方举证能力优势地位发生了转移。

第四,简化工伤认定流程。首先,简化职业伤害认定程序性事项,减少从业人员申请职业伤害认定时的材料数量和附加条件。灵活就业者可能没有法定的用人单位主体、工作地点灵活不定,所以难以展开现场调查。在进行认定时向相关部门提供证明文件确保伤害事件的真实性即可,同时适当加大对虚假申报予以惩罚和追责以减少虚假申报现象。其次,需适当改革工伤保险条例中由用人单位签署意见以及完全由人社部门认定的规定模式。可考虑建立职业伤害认定合作调查新模式,人社部门可将职业伤害认定程序中的部分不具备执法属性的环节(如事故现场信息采集)委托商业保险公司承办,以发挥商业保险公司人员力量充足、对个人参保经验丰富的优势,盘活社会力量来增强职业伤害事故调查的灵活性和有效性。

十一、有效拓展数字经济国际合作

72. 数字经济国际合作的总体形势如何?

当前,在全球新一轮科技革命和产业变革持续深化背景下,数字经济合作成为我国实行高水平对外开放、拓展互利共赢新局面的一大亮点内容。2021年10月,习近平总书记在主持十九届中央政治局第三十四次集体学习时指出,要积极参与数字经济国际合作,主动参与国际组织数字经济议题谈判,开展双多边数字治理合作,维护和完善多边数字经济治理机制,及时提出中国方案,发出中国声音。近年来,我国积极开展双多边数字经济合作,取得了一系列积极进展。

第一,数字经济合作共识进一步深化,国际"朋友圈"不断扩大。在共建"一带一路"引领下,我国发挥多双边国际合作机制作用,有效拓展与相关国家和地区数字经济国际合作。2016年G20杭州峰会期间,我国牵头制定和发布了《二十国集团数字经济发展与合作倡议》;2017年12月第四届世界互联网大会期间,我国联合多国共同发起《"一带一路"数字经济国际合作倡议》;2020年11月,第23次中国—东盟领导人会议发布了《中国—东盟关于建立数字经济合作伙伴关系倡议》。截至2022年6月,我国已与16个国家签署了"数字丝绸之路"

合作谅解备忘录,与 24 个国家建立"丝路电商"双边合作机制。

第二,信息基础设施建设持续推进,互联互通走实走深走稳。2015 年 12 月,习近平总书记在第二届世界互联网大会开幕式上指出,只有加强信息基础设施建设,铺就信息畅通之路,不断缩小不同国家、地区、人群间的信息鸿沟,才能让信息资源充分涌流。我国与国际电信联盟等国际组织合作,努力推动与东非、亚太等建立信息基础设施国际合作机制。2015 年,我国与东非多国共同签署了《共建东非信息通信基础设施的合作谅解备忘录》;2017 年,我国联合多国发起《亚太信息高速公路倡议》。截至 2020 年,我国与十几个"一带一路"沿线相关国家建成有关陆缆海缆,系统容量超过 100Tbps,直接联通亚洲、非洲、欧洲等世界各地。

第三,"丝路电商"合作成果丰硕,为全球经济复苏增添新动能。"丝路电商"伙伴国守望相助,克服新冠肺炎疫情不利影响,共同推进体制机制创新和制度建设,促进各方充分发挥区位优势和资源禀赋优势,促进跨境电商、中小企业数字化转型、数字减贫等方面的深入交流与合作对接,积极推动各伙伴国产品对接中国消费市场。我国与 24 个国家"丝路电商"合作机制日益完善,增设"9710""9810"跨境电商 B2B 出口贸易方式,超万家传统外贸企业触网上线,1800 多个海外仓成为海外营销重要节点和外贸新型基础设施。根据商务部统计,2021 年我国境外经贸合作区分布在 46 个国家,累计投资 507 亿美元,上缴东道国税费 66 亿美元,为当地创造 39.2 万个就业岗位,有力促进了互利共赢和共同发展。截至 2022 年 6 月,国务院已经分 6 批在全国设立了 132 个跨境电商综合试验区。

第四,数字经济企业抢抓出海机遇,积极融入全球产业链供应链。我国数字经济企业国际化方兴未艾,加速提升国际软实力,我国企业出海正在经历从劳动密集型、资本密集型的产品出口转向技术驱动型、品牌先导型服务出口,从向全球输出"中国成本""中国规模"转向输出"中国技术""中国服务""中国品牌",实现从量到质的转变升级。科技互联网、新能源等行业扬帆出海,智能制造、智能穿戴、智能汽车等新兴行业正在成为我国出海的新势力。同时,中小企业也表现出强烈的出海意愿,2021年已经出海的企业中,中小企业占37%;计划出海的企业中,中小企业占65%。

73. 为什么要加快贸易数字化发展?

2020年9月,习近平总书记在中国国际服务贸易交易会全球服务贸易峰会上指出,要顺应数字化、网络化、智能化发展趋势,共同致力于消除"数字鸿沟",助推服务贸易数字化进程。贸易数字化发展,是以数字化驱动贸易主体转型和贸易方式变革。随着信息通信技术应用和数字经济发展,以数据为生产要素、数字服务为核心、数字交付为特征的数字贸易兴起,数字贸易正在成为数字经济的重要组成部分和全球贸易发展的重要趋势。《"十四五"数字经济发展规划》指出,要加快贸易数字化发展,营造贸易数字化良好环境,全面推动数字丝绸之路走深走实,积极构建良好的国际合作环境,强化与各国政策、技术、标准的协同。

第一,贸易数字化是疫情防控常态化条件下开展贸易合作的客观需要。全球数字经济在开放和排他中曲折前进,特别是新冠肺炎疫情造成全球产业链供应链中断,许多国家开始内顾,摆脱对外依赖成为许多国家的战略优先事项。同时,近年来新一轮科技革命和产业变革孕育兴起,带动了数字技术强势崛起,促进了产业深度融合,变革了贸易形态,驱动了贸易数字化发展。根据联合国贸易和发展会议口径测算,2020年我国可数字化交付的服务贸易规模达到了2947亿美元,新冠肺炎疫情期间逆势增长8.4%,占服务贸易总额的44.5%,比"十三五"初期提升了13.9个百分点,数字贸易对减少服务贸易总体逆差,提升我国服务贸易竞争力起到了重要作用。新冠肺炎疫情导致人员跨境出行受限,传统服务贸易转移到线上,推动数字贸易逆势增长,贸易数字化转型已成趋势。

第二,贸易数字化是加快促进国内国际双循环的战略选择。一方面,数字贸易通过数字技术和数字服务带来各领域颠覆性创新,催生了大量贸易新业态、新模式,为全球经济增长注入了新的动力。另一方面,数字贸易通过数据流动强化各产业间知识和技术要素共享,促使制造业、服务业紧密融合,带动传统产业数字化转型。商务部数据显示,我国数字贸易额由 2015 年的 2000 亿美元增长到 2020 年的 2947.6 亿美元,增长 47.4%,占服务贸易的比重从 30.6% 增长到 44.5%。发展数字贸易,开展数字贸易国际合作,推动贸易数字化转型,对于推进供给侧结构性改革、实现新旧动能转换、建设更高水平的开放型经济新体制具有重要意义。

第三,贸易数字化是我国全面建设贸易强国的重要途径。当今世界正在经历百年未有之大变局,经济全球化遭遇逆流,保护主义、单边主义上升,世界经济低迷,国际贸易和投资大幅萎缩,给人类生产生活带来前所未有的挑战和考验。我国面临的海外利益新挑战日益增长,国际贸易面临障碍,贸易领域企业海外投资和海外业务遭受了较大冲击。近年来,面对日益复杂严峻的国际贸易形势,我国积极推进贸易数字化转型,数字贸易规模和增速位于世界前列。海关统计数据显示,2021 年我国跨境电商进出口规模达 1.98 万亿元,增长 15%,为外贸发展提供强力支撑。截至目前,我国共设立跨境电商综试区 132 个,形成陆海内外联动、东西双向互济的发展格局,在 28 个省、市(区域)开展全面深化服务贸易创新发展试点,与自贸试验区、海南自贸港形成了多层次、多领域的开放平台体系,为我国贸易数字化提供了重要条件、发挥了重大作用。

"十四五"时期,加快贸易数字化发展应从四个方面重点推动。一是加快贸易全链条数字化赋能。推动外向型产业依托产业互联网平台提升智能制造水平,推动通关智能化,打造融合高效的跨境智慧仓储物流体系,推行贸易融资、跨境支付等金融服务线上化场景应用。二是推进服务贸易数字化进程。推动数字技术与服务贸易深度融合,创新服务供给方式,大力发展远程医疗、在线教育等,积极支持旅游、运输、建筑等行业开展数字化改造,推动跨境服务供需精准匹配。三是推动贸易主体数字化转型。支持生产型外贸企业开展产品研发等全价值链数字化转型,引导外贸企业提升信息化、智能化水平,支持贸易数字化服务商为外贸企业提供优质数字化转型服务。四是营造贸易数字化良好政策环境。研究出台促进贸易数字化发展的政策措施,健全完善规则标准,优化贸易数字化公共服务,构建开放包容、健康有序、协同发展的贸易数字化生态体系。

🔗 知识链接

我国数字贸易发展势头迅猛

2021年9月,商务部发布了《中国数字贸易发展报告2020》(以下简称《报告》)。《报告》显示,近年来我国数字贸易规模持续快速扩大,2019年我国数字服务进出口总额达2718.1亿美元,较2005年增长了4.56倍;2019年我国跨境电商进出口额达到了1862.1亿元人民币,是2015年的5倍,年均增速达到49.5%。预计到2025年,中国可数字化的服务贸易进出口额将超过4000亿美元,占服务贸易总额的比重达50%左右。《报告》指出,随着数字贸易在全球贸易格局的重要性不断提升,我国贸易焦点正加快沿着"货物贸易—服务贸易—数字贸易"路径演进。

74. 如何理解大力发展跨境电商？

党中央、国务院高度重视电子商务发展。习近平总书记在不同场合多次就电子商务发展作出重要指示,对发展农村电商、跨境电商、丝路电商等提出要求。2020 年 11 月,习近平总书记在第三届中国国际进口博览会开幕式上指出:"中国将推动跨境电商等新业态新模式加快发展,培育外贸新动能。"跨境电商作为新发展格局蓝图中的重要组成部分,在畅通国内大循环,促进国内国际双循环中发挥了重要作用。

第一,跨境电商已经成为外贸发展的新动能、转型升级的新渠道和高质量发展的新抓手。2017 年以来,中国跨境电子商务规模在 5 年内增长了近 10 倍(见图 4),成为当前发展速度最快、潜力最大、带动作用最强的一种外贸新业态。自 2020 年新冠肺炎疫情暴发以来,传统贸易受到冲击,跨境电商逆流

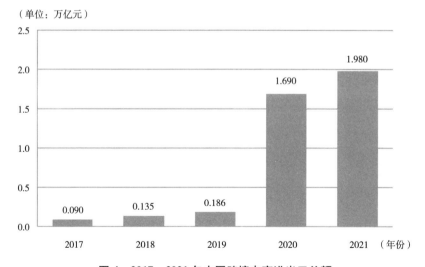

（单位：万亿元）

图 4　2017—2021 年中国跨境电商进出口总额

注:作者根据公开资料绘制本图。

而上,各类平台和商户充分发挥在线营销、无接触交易、短距离配送等优势,助力外贸逆势突围。跨境电商凭借着巨大的发展潜力,在整体贸易结构中的地位日益凸显。

第二,发展跨境电商在促进消费提档升级、满足人民群众美好生活需要方面发挥了重要作用。中国是跨境电商的出口大国,也是全球跨境电商进口的最大市场,近年来,我国居民收入水平逐步提高,消费结构和消费质量都发生深刻变化,消费升级步伐加快。我国整体的消费需求,特别是在中西部地区、三四线城市的消费需求不断提升,对优质进口产品需求旺盛,更多的消费群体愿意"不出境、买全球"。在传统进口方式基础上,积极发展跨境电商零售进口,从而带动扩大优质商品进口规模,进一步丰富国内市场供给,推动形成需求牵引供给、供给创造需求的更高水平动态平衡。

第三,发展跨境电商有利于深化开放与合作、打造国际竞争新优势。中国跨境电商从"买全球""卖全球",发展到国际生态合作新阶段。跨境电商实现了将产品卖向海外市场终端消费者,同时融入了国内和国外的各种资源,整合不同国家的市场主体,形成跨国界的跨境电商生态服务体系。这不仅让中国的跨境电商"走出去",还可以让海外的市场主体参与到中国的跨境电商当中,实现更加广泛的国际合作共赢,助力全球化进入新的发展阶段。

当前,中国跨境电商仍处于高速发展期。2021年,跨境电商进出口规模达1.98万亿元,同比增长15%,其中出口1.44万亿元,增长24.5%。外贸综合服务企业超1500家,海外仓数量超2000个,建成保税维修项目130多个。首个海外仓供需对接的海外智慧物流平台——"海外仓服务在线"正式上线。国务院自2015年3月起先后在杭州、天津、上海等城市和地区分6批设立了132个跨境电商综合试验区,通过各地方、各部门持续创新制度、管理和服务模式,探索形成了重要制度框架,量身打造近百项支持政策,从而让企业在物流、支付、法律、税务、人才等方面享受到了便利和红利。

"十四五"期间,我国将继续推动跨境电商等新业态新模式加快发展,积极与其他国家在跨境电商国际法律和规则领域加强协调互动,深化电子商务领域合作内容,形成国际间合作共赢的发展格局。主要举措包括以下五个方面。

第一,积极培育壮大跨境电商市场主体。鼓励电商平台企业全球化经营,培育壮大一批跨境电商龙头企业、海外仓领军企业和优秀产业园区,打造跨境电商产业链和生态圈,带动品牌出海。第二,完善全球电子商务基础设施和配套服务体系。培育跨境电商配套服务企业,加快在重点市场海外仓布局,补足货运航空等跨境物流短板,完善仓储、物流、支付、数据等全球电子商务基础设施和服务网络。第三,着力提升跨境电商消费者保障。优化跨境电商零售进口监管,丰富商品品类及来源,进一步提升进口电商的购买便利性,同时完善进口电商商品的售后服务,有效提升跨境电商消费者保障水平。第四,积极推动跨境电商国际规则体系建设。推进多双边电子商务规则谈判和数字领域机制建设,参与电子商务国际标准体系建设,加快跨境结算、跨境交付、跨境数据流动、个人隐私保护、消费者权益等领域国内国际规则衔接,支持行业组织、企业等在国际规则体系建设中发挥积极作用。第五,扎实推进跨境电商综试区建设。各地方、各部门要从完善综试区评估和退出机制、优化跨境电商零售进口商品清单、便利跨境电商进出口退换货管理、持续推进规则和标准建设、推广数字智能技术应用、深化国际合作等方面进一步指导各综试区差异化竞争,促进综试区高质量发展。

75. 如何理解推动"数字丝绸之路"深入发展?

2017 年,习近平总书记在"一带一路"国际合作高峰论坛开幕式上的重要讲话中指出,要坚持创新驱动发展,加强在数字经济、人工智能、纳米技术、量子计算机等前沿领域合作,推动大数据、云计算、智慧城市建设,连接成21世纪的数字丝绸之路。"数字丝绸之路"建设主张以网络基础设施为载体,以数字技术为重要支撑,以数据为关键生产要素,推进数字经济领域的共赢合作,具有制度层面、经济层面、技术层面和文化层面等多元化内涵。深入发展"数字丝绸之路"有助于推动共建"一带一路"高质量发展。通过加强同共建国家在网络基础设施建设、数字经济、网络安全等方面的合作,有助于加强沟通、扩大共识、深化合作、共同构建网络空间命运共同体。依托"数字丝绸之路"推动我国与其他共建国家在数字基础设施建设、智慧城市、电子商务、移动支付、智慧物流等领域打造更多新的合作亮点,在激活我国对外贸易新动能的同时也不断提升我国在国际数字经济发展格局中的地位和影响力。

近年来,以"政策沟通、设施联通、贸易畅通、资金融通、民心相通"的"五通"创新合作模式为引领的"数字丝绸之路"建设已有显著进展。政策沟通方面,我国深入推进"数字丝绸之路"建设合作,发起《二十国集团数字经济发展与合作倡议》《"一带一路"数字经济国际合作倡议》等多项倡议,申请加入全面与进步跨太平洋伙伴关系协定(CPTPP)、数字经济伙伴关系协定(DEPA)等国际合作协定,主办"一带一路"国际合作高峰论坛"数字丝绸之路"分论坛、世界互联网大会等国际会议,为全球数字经济发展和网络空间治理贡献中国方案,在全球赢得广泛共识。设施联通方面,我国与"一带一路"沿线十几个国家建成有关陆缆海缆,系统容量超过100Tbps,直接连通亚洲、非洲、欧洲等世界各地。贸易畅通方面,我国与16个国家签署"数字丝绸之路"建设合作谅解备忘录,与24个国家建立"丝路电商"双边合作机制。资金融通方面,截至2021年12月底,中新(重庆)战略性互联互通示范项目累计签署合作项目208个、合作金额232.3亿美元,创新跨境金融服务合作金额36.6亿美元。民心相通方面,我国积极探索通过线下线上相结合方式开展共建"一带一路"民心相通工作,破解疫情带来的"走不出去、请不进来"难题,顺应信息化、数字化趋势,为共建国家民众提供更多更好的数字化公共产品。在中国与共建"一带一路"国家的共同努力和推进下,"数字丝绸之路"逐步实现了概念到具象的转变,各国数字经济共商共赢从美好愿景渐渐转变为现实。

《"十四五"数字经济发展规划》将推进"数字丝绸之路"深入发展列为重点任务之一,提出四个发展方向。

第一,强基建,筑牢数字经济合作基础。深化基础设施建设,一方面要持续加深通信卫星、跨境光缆、4G/5G 等通信基础设施方面的国际合作,构建以经济走廊为引领,以大通道和信息高速路为骨架,以铁路、港口、管网等为依托的互联互通网络;另一方面,要深度应用互联网、大数据、人工智能等技术,推进各国在工业、交通、能源、民生等各领域数字化转型,加强各国在融合基础设施方面的合作。

第二,促合作,构建良好国际合作环境。深化"数字丝绸之路"合作,要加强统筹谋划,高质量推动中国—东盟智慧城市合作、中国—中东欧数字经济合作,深化中欧、中非数字经济合作。积极参与电子商务、数据安全、数字货币、数字税等国际规则和标准研究制定,加强与共建"一带一路"国家和地区在进出口关税、物流运输、包裹放行、知识产权保护、征信体系等方面的规则衔接。

第三,兴技术,推动数字技术创新应用发展。技术创新是推动"数字丝绸之路"发展的引擎。加强新兴技术研发和应用,发展数据存储、智能计算等新兴服务,持续推进跨境数据枢纽建设,推动数据的跨境流动,为国际合作提供数据流通渠道和安全保障。加大数字技术在跨境贸易、离岸金融中的应用,为广泛开展数字经济合作提供基础保障。

第四,拓领域,推进多领域合作模式创新。国际合作模式的创新对各国数字经济发展提质增速有着至关重要的作用,要充分发挥我国在数字产业方面的实力和潜力,推动数字技术、内容、产品和服务企业开拓国际市场。加大数字技术在我国与共建"一带一路"国家物流、贸易、产业、民生服务等领域合作中的应用,共建物流综合信息平台、工业大数据平台、医疗服务平台、数字文化平台等功能性平台,推动国际合作在更多特色、优势、创新领域全面深入发展。

76. 为什么要支持我国数字经济企业"走出去"?

《"十四五"数字经济发展规划》指出,要推动数据存储、智能计算等新兴服务能力全球化发展。加大金融、物流、电子商务等领域的合作模式创新,支持我国数字经济企业"走出去",积极参与国际合作。近年来,相关部门出台政策措施,鼓励企业广泛参与数字经济对外投资合作、积极融入数字经济全球产业链。

第一,加快数字经济企业"走出去",有利于抢占数字经济国际战略制高点。当今世界正经历百年未有之大变局,新冠肺炎疫情全球大流行使这个大变局加速变化,全球产业链供应链因非经济因素而面临冲击。数字经济作为典型的全球性经济形态,依赖于技术、市场、人才等领域广泛的国际合作交流。通过数字经济国际合作,不仅能够让我国数字经济有效吸纳全球优势资源实现健康发展,而且能够带动产业链供应链全球合作,推动我国整体经济地位提升。加快数字经济企业"走出去",既是我国推动数字经济健康发展、加快构建新发展格局的内在需要,也是我国提升数字经济国际竞争力,推动构建数字时代国际新格局的重要途径。

第二,加快数字经济企业"走出去",有利于我国企业融入全球数字经济产业链。数字经济产业链上下游复杂,经济形态、资源要素涉及繁多,需要吸引全球各类要素资源促进产业链协同发展。我国数字经济企业通过"走出去"和全球产业界开展各种维度的交流合作,有利于融入全球先进科技链创新链,为全球数字经济发展贡献"中国力量"。

第三,加快数字经济企业"走出去",有利于增强我国数字经济企业综合竞争力。数字经济将会是全球未来较长时间内快速发展的经济形态,各国数字经济市场需求的不断提升,为我国企业提供了难得的市场机遇。当前,我国数字产业已经在全球形成自己的独特发展优势,催生了一大批核心产业和特色企业,有能力在全球大市场中进一步发展壮大。这些企业在服务好国内循环市场的同时,也需要积极融入全球数字经济大循环中,通过积极参与国际竞争不断提升自身实力。

目前,已经有越来越多的中国企业"走出去",以数字经济新业态新模式助力当地经济增长,培育新市场和产业新增长点,创造就业岗位,改善人们的生活。数字经济企业"走出去"呈现以下几个趋势:一是国际化企业数量日益增多,越来越多的企业正以世界为舞台,在全球范围内进行业务扩张,其中不少企业和产品从创立之初就瞄准全球市场,积极利用全球供应链进行资源配置满足海外需求,打造全球化价值链。二是企业海外发展日益多元化,从设备制造、云计算服务到各类平台经济,越来越多的中国数字经济企业积极融入全球产业链,引领数字经济时代全球产业链创新。三是中小企业成为数字经济"走出去"生力军,不少企业从劳动密集型、资本密集型的产品出口企业转型升级成技术驱动型、品牌先导型等类型的企业,实现企业竞争优势质的飞跃。

数字经济企业"走出去",应重点在以下几个方面发力:依托多双边数字经济合作伙伴关系,加强大数据、5G、人工智能、区块链等数字技术领域和金融、物流、电子商务等领域的合作模式创新,积极融入数字经济全球产业链和全球先进数字技术发展体系。争创数字经济领域国际化领军企业,打造全球产品创新中心、技术服务中心和先进制造管理中心。健全合规管理体系,妥善应对和防范"走出去"风险。

77. 政府如何在数字经济治理国际合作中更好地发挥作用?

习近平总书记强调,要主动参与国际组织数字经济议题谈判,开展双多边数字治理合作,维护和完善多边数字经济治理机制,及时提出中国方案,发出中国声音。① 《"十四五"数字经济发展规划》明确提出,要积极构建良好国际合作环境。作为数字经济大国,我国致力于在加强数字经济治理国际合作中发挥大国作用,推动全球经济治理体系朝着更加公正合理方向发展,为建设现代化强国营造稳定和有利的外部环境。

我国政府积极参与数字经济治理国际合作,为全球数字经济健康有序发展作出了积极贡献。我国倡导发起《"一带一路"数字经济国际合作倡议》,与16个国家签署了"数字丝绸之路"建设合作谅解备忘录,提出《携手构建网络空间命运共同体行动倡议》和《全球数据安全倡议》,在全球赢得广泛共识,为深化数字经济共赢合作和全球网络空间治理贡献了中国方案。

当今世界正在经历新一轮大发展大变革大调整,各国经济社会发展联系日益密切,全球治理体系和国际秩序变革加速推进。过去数十年,国际经济力量对比深刻演变,世界经济深刻调整,风险挑战加剧,全球数字经济治理体系尚未能适应新格局的要求。在当今国际形势下,我国在开展数字经济国际合作中面临诸多挑战。一是保护主义、单边主义抬头,经济全球化遭遇波折,多边主义和自由贸易体制受到冲击,不利于全球经济发展与合作。二是国际环境日趋复杂,开展数字经济国际合作的不稳定性不确定性明显增加。三是我国在部分关键数字技术领域的规则标准制定话语权有待增强。为应对上述挑

---

① 习近平:《不断做强做优做大我国数字经济》,《求是》2022年第2期。

战,我国已在数字经济治理方面开展国际合作,仍需更好发挥政府作用,进一步加强合作。

第一,在构建网络空间命运共同体中更好地发挥政府作用。倡导构建和平、安全、开放、合作、有序的网络空间命运共同体,在数字经济治理国际合作中积极承担与我国能力地位相适应的责任和义务。主动参与数字经济领域全球合作与创新治理,构建公正合理、开放兼容的国际数字经济规则体系,维护开放型世界经济和真正的多边主义。以积极开放的态度主动参与联合国、世界贸易组织、二十国集团、亚太经合组织、上海合作组织等机制的数字经济议题谈判,维护多边贸易体制国际规则制定的主渠道地位。

第二,在制定符合我国国情的数字经济相关标准和治理规则中更好地发挥政府作用。积极借鉴国际规则和经验,推动新兴领域治理规则制定,围绕数据跨境流动、市场准入、反垄断、数字人民币、个人隐私保护等重大问题探索建立治理规则。对于已有的、成熟的数字经济国际规则,积极适应,不断修订和完善自身治理规则,努力实现国内规则与国际规则的协同。对于尚不健全的数字经济国际规则,加强主动谋划,在借鉴已有经验基础上提出中国方案、贡献中国智慧。

第三,在开展数字经济标准国际协调和数字经济治理合作中更好地发挥政府作用。在国际数字经济竞合关系日益复杂的背景下,政府需重视提升我国规则标准等"软联通"水平,通过构建完善标准、规则、合作关系、价值观等营造数字经济良好发展环境,提升我国在全球数字经济规则制定中的影响力和话语权。依托双边和多边合作机制,推动中国规则与国际规则协同,力争自身规则与国际规则在理念和做法上接轨。

十二、保障措施

78. 数字经济部际协调机制主要承担哪些职责和任务？

部际协调机制是为了协商办理涉及国务院多个部门职责的事项，由国务院批准建立，各成员单位按照共同商定的工作制度，及时沟通情况，协调不同意见，以推动某项任务顺利落实的工作机制，是行政机构最高层次的联席会议制度。建立数字经济部际协调机制，是落实《"十四五"数字经济发展规划》的重要举措，对于推进各项任务落实，不断做强做优做大我国数字经济具有重要意义。

2022 年 7 月，国务院批复建立数字经济发展部际联席会议（以下简称"联席会议"）制度。联席会议由国家发展改革委、中央网信办、教育部、科技部、工业和信息化部、公安部、民政部、财政部、人力资源社会保障部、住房城乡建设部、交通运输部、农业农村部、商务部、国家卫生健康委、人民银行、国务院国资委、税务总局、市场监管总局、银保监会、证监会等 20 个部门组成，国家发展改革委为牵头单位。主要职责包括以下四个方面。

第一，贯彻落实党中央、国务院决策部署，推进实施数字经济发展战略，统筹数字经济发展工作，研究和协调数字经济领域重大问题，指导落实数字经济发展重大任务并开展推进情况评估,研究提出相关政策建议。第二,协调制定数字化转型、促进大数据发展、"互联网+"行动等数字经济重点领域规划和政策,组织提出并督促落实数字经济发展年度重点工作,推进数字经济领域制度、机制、标准规范等建设。第三,统筹推动数字经济重大工程和试点示范,加强与有关地方、行业数字经济协调推进工作机制的沟通联系,强化与各类示范区、试验区协同联动,协调推进数字经济领域重大政策实施,组织探索适应数字经济发展的改革举措。第四,完成党中央、国务院交办的其他事项。

79. 如何理解提升全民数字素养和技能?

习近平总书记在主持中央政治局第三十四次集体学习时指出,"要提高全民全社会数字素养和技能,夯实我国数字经济发展社会基础"。以互联网、云计算、大数据、人工智能等为代表的数字技术加速与经济社会各领域渗透融合,推动经济社会数字化转型,数字素养和技能成为全民全社会必备的基础能力和素质。当前,提高全民全社会数字素养和技能已成为数字经济发展面临的迫切现实问题和重要发展任务。为实现 2025 年全民数字素养与技能达到发达国家水平,2035 年基本建成数字人才强国的目标,要多措并举提升全民全社会数字素养与技能,为建成网络强国、数字中国、智慧社会提供有力支撑。

数字素养和技能指数字社会公民学习工作生活应具备的数字获取、制作、使用、评价、交互、分享、创新、安全保障、伦理道德等一系列素质与能力的集合。提升全民全社会数字素养和技能,是顺应数字时代要求,提升国民素质、促进人的全面发展的战略任务,也是弥合"数字鸿沟"、促进共同富裕的关键举措,具有重要意义。

第一,提升全民全社会数字素养与技能是顺应数字时代发展的必然要求。当前,全球经济数字化转型不断加速,数字技术深刻改变着人类的思维、生活、生产、学习方式,全民数字素养与技能日益成为国际竞争力和软实力的关键指标。党的十八大以来,以习近平同志为核心的党中央作出建设网络强国、数字中国战略决策,加快建设完善数字基础设施,不断提高数字经济、数字社会、数字政府发展水平。同时,也存在"数字鸿沟"尚未弥合、资源供给不足、培养体系尚未形成、数字道德规范意识有待增强等问题,亟须整体提升全民数字素养与技能水平以顺应数字时代发展要求。

第二,提升全民全社会数字素养与技能是实现从网络大国迈向网络强国的必由之路。习近平总书记强调,要"努力把我国建设成为网络强国"①。我国是名副其实的网络大国,但同世界网络强国相比还有较大的差距。作为建设网络强国、数字中国的一项基础性、战略性、先导性工作,提升全民全社会数字素养与技能刻不容缓。

第三,提升全民全社会数字素养与技能是将人口数量红利转化为人口质量红利的有效途径。迎接数字时代,需要把提升国民数字素养放在更加突出位置,通过加强全民数字素养与技能培训,不断提升人力资本水平和人的全面发展能力,充分发挥人才红利的乘数效应,推动经济高质量发展。

第四,提升全民全社会数字素养与技能是弥合"数字鸿沟"、让人民群众共享数字红利的关键举措。2022年2月25日,中国互联网络信息中心(CNNIC)发布的《中国互联网络发展状况统计报告》显示,我国农村地区互联网普及率为57.6%,较2020年12月提升1.7个百分点,城乡地区互联网普及率差异较2020年12月缩小0.2个百分点。但目前中国城乡、区域和人群间依然存在着较大的"数字鸿沟"。提升全民全社会数字素养与技能,营造良好的数字学习和创新创业环境,能够加快弥合"数字鸿沟",不断提高人民群众的获得感、幸福感、安全感,促进区域协调、城市融合发展,助力构建共同富裕格局。

---

① 《习近平主持召开中央网络安全和信息化领导小组第一次会议强调 总体布局统筹各方创新发展努力把我国建设成为网络强国》,《人民日报》2014年2月28日。

为切实提升全民数字素养和技能,下一步应从以下五个方面发力。

第一,扩大优质数字资源供给。一是拓展数字资源获取渠道。加快新型基础设施建设部署,加快推动信息无障碍建设,支持少数民族语言语音技术研发应用,有序引导科研院所、普通高校和职业院校、企业机构、团体组织、高端数字人才等发挥自身优势,为数字资源提供多样化获取渠道。二是丰富数字教育培训资源内容,鼓励各地区各行业向社会提供优质免费的数字教育资源和线上学习服务。三是推动优质数字资源开放共享,促进数字公共服务公平普及。

第二,加强数字技能人才培养。一是提升各类学校数字教育水平,将数字素养培育相关教育内容纳入中小学教育教学活动,加强普通高校和职业院校数字技术相关学科专业建设,开展教师数字技术应用能力培训,全面推进数字校园建设。二是完善数字技能职业教育培训体系,加强职业院校数字技能类人才培养,建设高水平数字技能职业教育教师队伍,试点探索"互联网+"职业技能培训模式。三是提升领导干部和公务员的数字治理能力。

第三,打造高品质数字生活。一是培育数字生活新应用新场景,培育智慧家庭生活新方式,提高智慧社区建设应用水平,丰富新型数字生活场景。二是深化数字应用适老化改造,大力鼓励和引导科技企业开展科技助老,加强对老年人的数字应用培训和智能技术培训。三是加快推进信息无障碍建设,推动形成社会各界积极帮助老年人、残疾人融入数字生活的良好氛围。

第四,提高数字创新创业创造能力。一是激发企业数字创新活力,加快完善面向中小企业员工的数字化服务体系和职业技能培训体系。二是探索数据驱动科研新范式,推动开放创新、协同创新。三是积极探索激发人才活力相关政策,建立适应信息化发展需要的人才评价制度和激励机制。

第五,加强数字社会文明建设。一方面,提高全民网络文明素养,进一步完善政府、学校、家庭、社会相结合的网络文明素养教育机制,推动全社会形成文明办网、文明用网、文明上网、文明兴网的共识。另一方面,强化全民数字道德伦理规范,提高全民数字获取、制作、使用、交互、分享、创新等过程中的道德伦理意识,形成良好行为规范。

80. 开展规划监测评估的主要目的和意义是什么?

规划综合反映了政府管理国家或地区的意志和政策取向,是政府为推动社会经济发展、实现目标任务而作出的谋划和安排,是体制创新、政策实施的重要工具。作为数字经济领域首部国家级专项规划,《"十四五"数字经济发展规划》明确要"强化监测评估",强调"各地区、各部门要结合本地区、本行业实际,抓紧制定出台相关配套政策并推动落地。要加强对规划落实情况的跟踪监测和成效分析,抓好重大任务推进实施,及时总结工作进展"。基于此,必须加强适应数字经济发展的评估监测体系建设,坚持促进发展和监管规范两手抓,在发展中规范、在规范中发展,确保高质量完成规划目标。目前,我国对规划实施和监测评估的重视程度不断提高,开展规划监测评估具有重要意义。

第一,开展规划监测评估是保证规划顺利实施的重要机制以及改进规划工作的迫切要求。规划是一项巨大的系统工程,科学地编制规划是前提,让编制好的规划在各地得到切实有效地落实是关键。监测评估是推进规划实施的关键环节,要适时开展规划实施情况的动态监测、中期评估和总结评估,并为今后进一步健全完善规划实施的长效机制奠定基础。同时,规划监测评估作为一种反馈机制,是完整公共政策周期的不可或缺环节,也是众多发达国家和国际组织改善公共政策执行效果的普遍做法。我国制定的中长期规划具有战略性、长期性和超前性等特点,在实施过程中如果国际国内环境出现了重大变化,就会使得原有的规划变得有些"不合时宜",为了弥补规划对现实形势变化反应时间长和规划编制可能存在的缺憾,有必要作出相应的调整,及时发现规划实施中的问题与不足,为规划调整提供依据,并根据国内外发展环境变化提出推动规划顺利实施的对策建议。规划监测评估有利于适应数字经济发展的形势变化,促进发展规划顺利实施,切实落实中央新的方针政策,而且有利于保障各级、各类规划的顺利实施和及时、动态调整,主动防范和化解影响数字经济发展进程中的各种风险,实现数字经济的高质量发展。

第二,开展规划监测评估是完善统计监测制度和评价体系的重要环节。数字经济作为新型经济形态,统计监测和评估评价的工作对于政策管理决策、市场监管、产业政策制定、市场投资、生产消费等均具有十分重要的作用。当前,对数字经济的规模体量和发展程度的测度已经具备良好基础,还需要在实践中深化理论研究、完善工作方法和工作机制。2021年5月,国家统计局公布了《数字经济及其核心产业统计分类(2021)》,建立了我国数字经济统计监测制度,首次明确了数字经济及其核心产业的基本范围,为"十四五"时期数字经济监测提供了统一可比的统计标准。《"十四五"数字经济发展规划》对"十四五"时期的数字经济规模和发展提出了更高的要求。因此,建立基于大数据、人工智能、区块链等新技术的统计监测体系,组织实施数字经济统计监测,并定期开展核心产业核算,准确反映数字经济核心产业发展规模、速度、结构,提升治理的精准性、协调性和有效性,将有利于深化数字经济理论和实践研究,完善统计测度和评价体系。

第三,开展规划监测评估是落实全面依法治国的必然要求。制定国家发展规划,是我们党治国理政的重要方式。"十四五"规划《纲要》提出:"坚持依法制定规划、依法实施规划的原则,将党中央、国务院关于统一规划体系建设和国家发展规划的规定、要求和行之有效的经验做法以法律形式固定下来,加快出台发展规划法,强化规划编制实施的法治保障。"在规划编制阶段,党和政府充分调动各方积极性,开门问策,集思广益;在规划实施阶段,各地区各部门根据职责分工落实规划实施责任,同时加强规划实施监测评估,明确规划落地见效。通过明确规划内容、规划审批、实施保障、规划评估、规划调整等方面的程序和规范,确保规划权威、增强刚性约束,实现在法治轨道上制定和实施国家发展规划,将更好适应国家治理体系和治理能力现代化的要求,更好体现党的领导、人民当家作主和依法治国的有机统一。

第四,开展规划监测评估是强化监督、落实责任制的重要保证。习近平总书记在十九届中央纪委五次全会上强调,"要把监督贯穿于党领导经济社会发展全过程,把完善权力运行和监督制约机制作为实施规划的基础性建设,构建全覆盖的责任制度和监督制度"。规划监测评估也是一种监督机制,规划监测评估中要主动发现和寻找相关问题,尤其是问题的根源,或背后的隐性因素,并区分出主要矛盾和影响要素,判断是规划本身的问题,还是规划实施部门执行不力的问题,或者两者兼而有之。通过连续的规划监测评估,明确相关实行部门在规划实施过程中的主体地位和作用,明晰相应的权益、责任及义务,形成严格而独立的规划监督机制体系,从而有效地避免自上而下式的规划编制方式,避免规划完成后就束之高阁的形式主义,避免规划与实施相脱节等情况。

后　　记

　　本书由国家发展和改革委员会编写,国家发展和改革委员会创新和高技术发展司牵头,国家发展和改革委员会创新驱动发展中心(国家发展和改革委员会数字经济研究发展中心)具体组织,中国宏观经济研究院、国家信息中心、中国信息通信研究院、中国电子信息产业发展研究院、北京大学、中央财经大学等单位共同参与。邬贺铨、梅宏、张平文、王一鸣、时建中、柴跃廷等专家对本书修改完善提出了宝贵意见。在编写过程中,人民出版社给予了大力支持。在此,谨向所有给予本书帮助支持的单位和同志表示衷心感谢。

编　者

2022 年 7 月

责任编辑:张　燕
装帧设计:胡欣欣
责任校对:吕　飞

图书在版编目(CIP)数据

《"十四五"数字经济发展规划》学习问答/国家发展和改革委员会 编. —北京:
　人民出版社,2022.10
ISBN 978－7－01－024941－4

Ⅰ.①十⋯　Ⅱ.①国⋯　Ⅲ.①信息经济-经济发展-经济规划-中国-问题
　解答-2021—2025　Ⅳ.①F492-44

中国版本图书馆 CIP 数据核字(2022)第 141352 号

《"十四五"数字经济发展规划》学习问答
SHISIWU SHUZIJINGJI FAZHAN GUIHUA XUEXI WENDA

国家发展和改革委员会　编

人民出版社 出版发行
(100706　北京市东城区隆福寺街 99 号)

北京汇林印务有限公司印刷　新华书店经销

2022 年 10 月第 1 版　2022 年 10 月北京第 1 次印刷
开本:710 毫米×1000 毫米 1/16　印张:13.5
字数:210 千字

ISBN 978－7－01－024941－4　定价:56.00 元

邮购地址 100706　北京市东城区隆福寺街 99 号
人民东方图书销售中心　电话 (010)65250042　65289539